먹다
듣다
걷다

교회는 지금 무엇을 할 수 있는가

먹다 듣다 걷다

지은이 | 이어령
초판 발행 | 2022. 3. 23
21쇄 발행 | 2025. 1. 10
등록번호 | 제1988-000080호
등록된 곳 | 서울특별시 용산구 서빙고로 65길 38
발행처 | 사단법인 두란노서원
영업부 | 2078-3333   FAX | 080-749-3705
출판부 | 2078-3331

책값은 뒤표지에 있습니다.
ISBN 978-89-531-3523-9 03230

독자의 의견을 기다립니다.
tpress@duranno.com   www.duranno.com

두란노서원은 바울 사도가 3차 전도여행 때 에베소에서 성령 받은 제자들을 따로 세워 하나님의 말씀으로 양육하던 장
소입니다. 사도행전 19장 8-20절의 정신에 따라 첫째 목회자를 돕는 사역과 평신도를 훈련시키는 사역, 둘째 세계선교
(TIM)와 문서선교 (단행본·잡지) 사역, 셋째 예수문화 및 경배와 찬양 사역, 그리고 가정·상담 사역 등을 감당하고 있습니다.
1980년 12월 22일에 창립된 두란노서원은 주님 오실 때까지 이 사역들을 계속할 것입니다.

교회는 지금

무엇을

할 수 있는가

이어령
지음

두란노

차 례

여 는 글

교회는 지금 무엇을 할 수 있는가 6

제 1 부
먹다

〉

무엇을 먹는가 14

먹기 위한 기도 27

성경 속 먹다 35

예수님이 오신 목적 48

최후의 만찬과 혼밥 64

십자가의 목마름 74

이 돌들로 떡덩이가 되게 하라 78

제 2 부
듣다

듣는 것과 아는 것 86

들음의 세계, 수동의 세계 94

마리아와 마르다 100

사역과 말씀 사이 110

엠마오로 가는 길 118

제 3 부
걷다

피스 필그림처럼 걷는다는 것 128

성인들이 걸었던 길 136

예수님의 걷기 142

구도자의 걷기 148

기도 걷기 156

상생의 걷기 163

닫 는 글
먹고, 듣고, 걷는 교회 172

교회는 지금 무엇을 할 수 있는가

이 책은 몇 년 전에 열린 제3회 기독교 사회복지 엑스포 '주제 콘퍼런스'에서 강의한 내용을 바탕으로 하고 있습니다. 저는 이 콘퍼런스에서 "한국 교회 대사회적 섬김에 대한 평가와 한국 교회 미래를 위한 통찰"이라는 주제 아래 '먹다', '듣다', '걷다' 3가지 동사로 진정한 의미의 복지, 교회가 해야 할 복지에 대해 강의를 했습니다.

한국 교회가 할 일을 3가지 동사로 이야기한 데는 의도가 있습니다. 이제까지 기독교는 존재론적인 관점에서 대부분 명사에 대해서만 이야기해 왔다고 생각합니다. '영생'이 가장 중요하고, 그리스도인은 세상의 '빛'과 '소금'이 되어야 한다면서 기독교의 상징적 키워드를 제시해 왔습니다.

하지만 예수님은 인간 가운데 우리의 일상 현실 속으로 성육신하시고 그로써 역사의 일부가 되셨습니다. 한마디로 예수님의 생애는 대단히 역동적인 사건(event)이었다는 것이지요. 이런 예수님의 존재와 가르침을 압축적인 명사로 규정하게 되면 도덕적 덕목으로 축소되기 쉽습니다. 이를 동사로 받아들여서 모든 생명체에 적용 가능한 구체적이고 실질적인 역동성을 얻어야 합니다. 초월자이신 하나님이 인간과 같아지시기 위해 먹고, 듣고, 걷는 행위로 뛰어드셨는데, 인간이 이를 다시 추상화할 필요가 없습니다.

먼저, 먹는 것은 성경의 주요 소재이기도 합니다. 성경을 펴면 선악과부터 나오잖아요. 문화평론가로서 저는 한국인의 삶에서 먹는 행위가 얼마나 중요한 부분을 차지하는

지 언어학적 흔적을 통해 탐구한 바 있습니다. 《디지로그》
(생각의나무)나 《생명이 자본이다》(마로니에북스) 등의 책이 그
것입니다. 한국인은 '먹는 게 남는 것'이라는 의식이 다분
하다는 것이 제 생각입니다. 그래서 시종일관 먹는 것으
로 진리를 설파하는 기독교가 체질에 맞는지도 모릅니다.

예수님은 공생애의 절정에서 제자들을 위해 최후의 만찬
을 베푸시고, 자기 몸이 인생이 먹어야 할 빵이라고 비유
하셨습니다. 먹는다는 것은 하나가 되는 것이지요. 즉 빵을
먹어 육체 안으로 들이는 것처럼, 예수님을 먹어 그분의 가
르침을 우리 몸 안에 들여야 합니다. 상징을 이해하지 못한
로마 당국은 기독교가 인육을 먹는다고 오해했지만 말입
니다. 예수님은 인생이 죽는 빵 대신 죽지 않는 영원한 빵
을 먹어야 한다고 하신 것입니다. 한국 교회는 예수님이라
는 빵을 먹고, 그 빵을 먹이는 곳이 되어야 합니다.

다음으로, 듣는 것은 예수님의 제자들에게 일상이었습니
다. 예수님은 제자들과 끊임없이 대화를 주고받으셨습니

다. 랍비의 가르침을 전수받는 유일한 길이 대화였기 때문이지요. 들었던 말씀이 머릿속에 남아 제자들의 인생 향방을 결정한 것입니다.

살아 움직이는 생명체는 모두 들을 수 있습니다. 기독교 진리는 정물(靜物)이 아닙니다. 눈에 보이는 것만으로 다 알수 없잖아요. 듣는 것이 필요합니다. 예배당 구석구석 비디오를 설치해서 시각화에 공을 들이는 것만으로는 부족합니다. 보는 것뿐 아니라 듣는 세계가 열려야 합니다.

한국인은 들음을 통한 영적 각성에 익숙한 민족입니다. 우리 신화를 보면 종(鐘)에 관한 이야기가 유독 많습니다. 나라에 나쁜 일이 일어나면 종소리로 알려 주는 자명고가 있었고, 종을 치면 "에밀레" 울어서 아이를 집어넣어 만들었나 의심하게 하는 에밀레종도 있습니다.

동식물이 아닌데도 영적 위치에 오른 사물로는 종이 유일할 것입니다. 그래서 기독교를 비롯한 많은 종교가 종소리를 통해 영적 각성을 도모해 왔습니다. 한국인 역시 종이 진동하고 울리는 것이 하늘의 소리, 하나님의 소리와 가깝다고 여겼습니다. 스스로 울림으로써 사람에게 들리는 종소리에는 영적 관심사를 투영하기 쉽습니다. 듣는 것은 영적입니다. 예수님도 "귀 있는 자는 들으라"고 하셨으니까요. 한국 교회는 듣는 것을 회복해야 합니다.

끝으로, 걷는 것입니다. 걷는 것은 먹고 듣는 것처럼 밖에서 안으로 진입하는 대신, 스스로 추동해서 행동으로 옮기는 것입니다. 보는 것과 듣는 것은 감각과 관련되어 있지만 걷는 것은 움직임, 운동 능력입니다. 그래서 외부로부터 안으로 입력되는 수동성을 끊어 내고 돌파하는 것입니다. 주어진 운명을 박차고 원죄와 사망의 굴레에서 벗어나는 것입니다.

사람들이 자기 의견을 내세우기 위해 행진하지 않습니까. 예수님은 공생애 내내 걸어 다니셨습니다. 우리에게 보여 주신 마지막 모습도 행진이었습니다. 십자가를 지고 골고

다에 오르셨고, 부활하신 후에도 제자들에게 진리를 부탁하기 위해 엠마오 도상에서 걸으셨습니다. 공생애는 물론 지상에서의 마지막 교훈을 걸으며 남기신 것이지요. 한국 교회가 이처럼 움직이며 걸어야 한다는 것입니다.

교회뿐만 아니라 전 세계가 위기에 처해 있습니다. 무슨 이야기를 해도 한가로운 소리로 들릴 정도로 존폐의 위기입니다. 우리 속담에 "발등의 불을 끈다"는 말이 있지요. 지금은 다른 이야기를 할 때가 아닌 것 같습니다. 이 위기의 시대, 교회가 '지금 여기'에서 시급히 할 수 있는 일들에 대해 생각해 보고자 합니다.

2022년 1월 이어령

제 1 부

먹다

무엇을 먹는가

지금 당장 가장 큰 문제는 먹는 문제입니다. 이 문제만 알아도 교회가 무엇을 해야 하는지 절실하게 깨달을 것입니다. 우리나라의 문화와 연결해서는 더욱 그렇습니다.

우리말에는 특이하게 먹는 것이 많이 있습니다. 처음 만난 사람과도 "차 한 잔 하실래요?" 인사하고, 어른들을 뵐 때도 "진지 잡수셨습니까?" 묻습니다. 생일에는 미역국을 먹는 것이 중요한 나라입니다.

절대 먹으면 안 되는데 먹는 것 중에 하나가 바로 나이입니다. 나이를 자꾸 먹으면 결국 죽으니까요. '나이'를 '먹는다'고 말하는 민족은 아마 전 세계에서 한국밖에 없을 것입니다.

축구에서도 한국 사람들은 먹는 게 있습니다. 축구공이 자기 골문으로 들어오는 것을 전 세계 사람들이 모두 '실점했다'(lost)고 하잖아요. 그런데 한국 사람들은 '골을 먹었다'고 한단 말이지요. 남의 공을 우리가 먹는다는 것입니다. 상대보다 많이 먹으면 결국 지게 됩니다.

한 초등학교의 산수 시간이었습니다. 선생님이 사과 다섯 개 중에 두 개를 먹으면 몇 개가 남느냐고 질문했습니다. 학생은 계속 두 개가 남는다고 대답했습니다. "다섯 개 중에 두 개를 먹으면 세 개가 남아야지"라고 선생님이 타이르자 "우리 엄마가 먹는 게 남는 거라고 그랬어요"라고 대답했다는 것입니다.

그만큼 우리나라는 '먹는 것'을 중시하는 나라입니다. 사실 이 부분에서 한국 사람으로서 콤플렉스가 있었습니다. '먹는다'는 것은 물질적이고 일상적이고 경제적인 것이기에 한국인의 영적 빈곤을 보여 주는 언어 사용이 아닌가 생각했습니다.

그런데 성경을 자세히 읽어 보니 그렇지 않았습니다. 성경은 선악과를 따 먹는 이야기에서부터 최후 만찬의 이야기까지 전부 먹는 이야기였습니다. 먹는 것으로 시작해서 먹는 것으로 끝나는 게 성경이었던 것이죠. 알고 보니 먹는다는 것은 참으로 중요하고 귀중한 말이었습니다.

먹는 것처럼 구체적인 것이 없습니다. 우리는 하루에 세 끼 밥을 먹습니다. 세 번이나 먹는 행위를 하는 것입니다. 예수님은 돌아가시기 전 유월절 식사에서 이처럼 습관적으로 먹는 것의 의미를 전혀 다른 차원으로 바꿔 놓으셨습니다. 바로 성만찬의 제정입니다. 예수님은 평소처럼 제자들과 함께 드시던 식탁의 빵과 포도주를 들어 "이것은 나의 몸이요, 나의 피다"라고 하셨습니다. 죽음을 앞두고 선보이신 마지막 행위가 함께 빵을 나누는 식사였다는 것은 무슨 뜻이겠습니까?

예수님은 부활하시고 나서 얼굴도 형상도 모두 달라지셨습니다. 엠마오로 가는 도상에서 한참이나 길을 같이 걸었던 제자들도 알아보지 못할 정도였으니까요. 그들은 돌아가시기 전과 똑같이 빵을 떼어 주시는 모습을 보고 나서 예수님이신 줄 알아보았습니다. 오늘날 교회도 '먹다'에 대한 예수님의 말씀을 정확히 이해하면 지금 교회가 무엇을 할 수 있을지에 대한 답을 얻을 수 있을 것입니다.

예수님이 말씀하신 '먹다'의 의미는 우리가 생각하고 알고 있는 것과는 차원이 다릅니다. 우리는 말 그대로 '먹는 것'으로 생각해 사람들에게 빵을 나눠 주었는데, 이제는 다른 차원에서 생각해 보자는 것입니다.

사회 복지의 핵심은 사람들을 제대로 먹이는 것입니다. 교회 역시 사회 속에 들어가 사람들을 먹이는 데 최선을 다합니다. 그런데 교회가 먹이는 것이 세상이 먹이는 것과 같아도 됩니까? 말 그대로 '먹는 것'을 나눠 주면 그것이 '기독교 복지'가 됩니까? 우리는 주기도문을 고백할 때 "일용할 양식(daily bread)을 주시고"라고 고백합니다. 일용할 양식을 옛날에는 하나님이 주셨지만, 지금은 보건복지부나 정치인들이 주려고 합니다. 교회가 줄 수 있는 것이 단순한 일용할 양식(daily bread)이라면, 사람들은 더 이상 교회에 나올 이유가 없습니다. 빵을 줄 수 있는 대통령이나 정치인을 찾아가겠지요. 즉, 교회의 복지는 정치나 사회 차원에서 이루어지는 복지와 달라야 합니다. 예수님의 '먹는 것'을 제대로 이해하면 교회의 복지 개념도 달라질 것입니다.

이 그림을 모르시는 분은 아마 없겠지요. 장 프랑수아 밀레(Jean-François Millet)가 그린 〈이삭 줍는 여인들〉입니다. 그림을 보면 세 여인이 이삭을 줍고 있습니다. 밀레는 매우 가난한 마을에서 자랐고, 자살까지 시도한 사람이었습니다. 그래서 밀레가 그린 이 농촌 풍경은 겉보기에는 대단히 목

장 프랑수아 밀레
Jean-François Millet, 1814-1875

〈이삭 줍는 여인들〉
The Gleaners, 1857, 84×112cm,
오르세 미술관, 파리, 프랑스

가적이지만 실은 가난과 고통과 슬픔이 배어 있습니다.

그런데 그림을 자세히 들여다보면, 세 여인 뒤에 어마어마하게 많은 곡식이 쌓여 있습니다. 그 주변에 많은 수확물과 잘사는 사람들의 수레 같은 것이 보입니다. 한편 그림 전면에 나오는 세 여인은 남들이 수확한 풍성한 곡식은 물론 입에 들어갈 것도 없어 남들이 미처 다 담지 못하고 흘린 이삭을 줍고 있습니다.

기독교적인 메시지를 모르는 사람들은 당시 이 그림을 사회주의적인 시각으로 해석했습니다. 지주들이 수확물을 전부 가져가고, 농민들은 결국 착취만 당한 채 이삭이나 줍는 가난하고 고통받는 신세가 된다고 말입니다.

그런데 사실은 달랐습니다. 밀레가 이 그림을 통해 묘사하려 한 것은 사회 고발이 아니었습니다. 사실은 그림 속 세 여인이야말로 행복한 자들이며 하나님의 은총을 가장 많이 받은 이들임을 묘사한 것입니다.

하나님은 부자만이 아니라 가난한 이들을 위해 이삭을 남겨 주시는 분이라는 것입니다. 밀레는 이 그림을 통해 바로 이 점을 묘사하려 했습니다.

이 그림을 보면서 사회 부조리, 약자에 대한 고발, 동정 등으로만 해석해 정치나 혁명으로 끌고 가는 것은 기독교적인 메시지가 아닙니다. 기독교적인 메시지는 그 차원을 넘어서지요.

역사적으로 숱한 혁명과 갈등과 싸움이 끊임없이 일어났지만 결코 해결되지 않았습니다. 이 문제를 해결하기 위해서는 구제의 방법을 달리해야 합니다. 가난하고 비참한 사람들을 구제하는 문제라면, 기독교 진리에 근거한 구제 방법을 택해야 합니다. 한국 교회는 바로 이 점을 모색해야 합니다.

다음 그림은 밀레의 〈만종〉입니다. 앞서 본 〈이삭 줍는 여인들〉에서처럼 가난한 농부들이 그려져 있습니다. 그림 속

장 프랑수아 밀레
Jean-François Millet, 1814-1875

〈만종〉
The Angelus, 1857-1859, 유화, 56×66cm,
오르세 미술관, 파리, 프랑스

의 두 사람은 잘사는 사람들이 아니라 고된 삶을 살아가는 이들입니다. 메마른 땅에서 곡식을 얻어먹고 살기 위해 힘든 노동을 하는 사람들입니다. 우리라면 불평하겠지요. 왜 우리만 온종일 땀 흘려 일해야 하느냐며, 그렇게 일해도 하루 세 끼 먹기 어렵다고 투덜거릴 것입니다.

그런데 〈만종〉의 부부는 기도를 하고 있습니다. 메마른 땅에서 곡식을 줍고 스스로 일해서 먹을 것을 얻는 것은 자신들의 노력 때문만이 아니라 하늘에서 비가 내리고 구름이 가려 주어 하나님이 허락하신 음식을 조금 얻어먹는 것이라며 감사 기도를 드립니다. 허허벌판 속에 아무것도 잘 보이지 않는 것 같지만 멀리 교회 종탑에서 들려오는 종소리가 저녁 기도 시간을 알리고 있어요. 부부는 저녁노을 아래 기도를 하고 있습니다.

그런데 여러 번 수정한 이 그림을 적외선으로 투시했을 때 이상한 것이 보였다고 합니다. 부부의 발밑에 있는 바구니가 죽은 아이의 관이라는 것입니다. 아이의 관을 놓고 하나님이 자신들의 아이를 빼앗아 가셨다고, 아이가 죽었다고 하염없이 슬퍼하고 있다는 것입니다. 행복한 감사 기도가 아니라는 해석이지요.

이런 해석의 단초는 살바도르 달리(Salvador Dali)였습니다. 달리는 이 그림을 다른 시각으로 해석했습니다. 기괴한 화가로 알려진 달리는 그림 속 여인이 기도하는 것이 아니라고 했습니다. 그 여인을 남편을 잡아먹는 버마재비('사마귀'를 일상적으로 부르는 말)로 해석해 발아래에 어린아이의 관을 두었다고 보았습니다. 묘하게 꽂혀 있는 쇠스랑을 성적 욕망으로 해석하기도 했습니다.

똑같은 그림인데 하나님을 믿는 사람과 하나님을 믿지 않는 사람의 시각이 이렇게 달라요. 사회도 마찬가지입니다. 저도 어렸을 때 집에 〈만종〉이 걸려 있었지만 뭔지 모르고 보았습니다. 기독교를 믿지 않는 유교 집안이라 종교화라기보다는 그저 그림으로 이해하고, 부부의 발아래 놓인 바구니에 뭐가 있나 들여다본 기억이 납니다.

살바도르 달리
Salvador Dali, 1904-1989

〈만종〉
Angelus, 1932

우리는 왜 교회에 나옵니까? 왜 하나님을 믿고, 기도를 합니까? 믿지 않는 사람에게는 보이지 않는 것을 보는 눈을 얻을 수 있기 때문입니다. 그것이 바로 기도요, 우리가 받는 복입니다.

먹기 위한 기도

다음 그림은 장 바티스트 시메옹 샤르댕(Jean-Baptiste Siméon Chardin)의 〈식사 전 기도〉입니다. 그리스도인은 보이지 않는 하나님을 믿고, 들리지 않는 하나님을 향해 기도합니다. 샤르댕의 이 그림은 그 어려운 기도하는 법을 가르쳐 줍니다. 그림 속 어머니는 어린아이에게 음식을 먹을 때 기억해야 할 것들을 가르쳐 줍니다. 대강 이런 것이지요.

"식사를 할 때는 꼭 기도해야 한단다. 먹는다는 것은 소중

한 것이야. 하나님이 우리에게 베풀어 주시지 않으면 우리
는 굶어 죽을 거야. 금식하는 것도 다 하나님 덕분이란다."

하루 세 끼를 먹는 사람은 그때마다 식사 기도를 통해 하나님
의 은혜를 기억하게 됩니다. 이 기억의 행위를 어렸을 때부터
습관 들이면 얼마나 좋겠습니까. 신앙이 있는 부모들이 어린
자녀에게 식사 기도를 가르치는 것도 이런 이유에서겠지요.

저는 습관이 안 되어 식사 기도를 잘 잊어버립니다. 거의
70년 동안 기독교와 관계없이 살았으니 잘 안 됩니다. 식전
기도를 깜빡해 지금도 곧잘 기도 없이 먹어요.

그러면 집사람이 옆에 앉아 있다가 꼭 한마디 합니다. "당신,
그리스도인 맞아요?" 저는 지기 싫어 식전 기도는 잘못된 것
이라고 대꾸합니다. 먹어 보지도 않고 어떻게 기도를 하냐
고, 다 먹고 맛있다는 생각이 들고 나서 하나님께 감사해야
한다고 답해요. 그래서 식전 기도가 아니라 식후 기도를 해
야 한다고 덧붙입니다. 물론 이것은 다 인간적인 생각이지요.

장 바티스트 시메옹 샤르댕
Jean-Baptiste Siméon Chardin, 1699-1779

〈식사 전 기도〉
The Prayer before Meal, 1740, 49.5×38.4cm,
에르미타주 박물관, 상트페테르부르크, 러시아

얀 스테인
Jan Steen, 1626-1679

〈식사 전 기도〉
Prayer before Meal, 1660, 오일, 캔버스,
레스터셔주 벨보어 성, 영국

프리드리히 니체(Friedrich Wilhelm Nietzsche)처럼 신이 죽었다고 생각해 봅시다. 하늘에서 비가 내리지 않고 바람이 불지 않는데, 내 힘만으로 곡식을 얻을 수 있습니까? 닭 한 마리라도 내 힘만으로 키울 수 있을까요? 인간이 아무리 노력해도 달걀 한 알 못 낳아요. 지금 우리가 갖고 있는 것들은 우리의 노력보다 훨씬 큽니다. 닭에게 모이를 주고 애써 키운 노력보다, 닭이 생명을 품고 알을 낳게 하는 자연의 섭리가 훨씬 큰 은혜입니다.

스스로 밭을 매고 물을 준 것보다 거기 이미 토양이 있고, 햇빛이 쏟아지고, 때 맞춰 비가 내리고, 벌레들이 흙을 부숴 주는 노력이 훨씬 큰 에너지입니다. 전체 공정을 100으로 보면 인간이 밭에서 일하는 것은 10도 되지 않습니다. 그러니 음식을 먹을 때 자신의 노력을 내세우는 대신 이를 가능하게 해 주신 존재에 감사해야 하지 않겠습니까.

어렸을 때 밥 먹기 전에 기도하는 습관을 들이지 않은 사람은 부모님께도 감사하지 않고, 하나님께도 감사하지 않습니다. 하나님을 믿든 믿지 않든 생명의 연장이 우리 자신의 노력 때문이 아니라 밖에 있는 근원 때문임을 안다면 주기도문을 외우지 않아도 어렸을 때부터 감사할 줄 알게 되지요.

밥을 먹으면서 감사 기도하는 것이 바로 오늘날 그리스도인들이 해야 할 일의 시작입니다. 이를 안다면 굶는 것도 하나님을 위한 것임을 깨닫게 됩니다. "먹는 것은 몰라도 먹지 않는 것까지도 하나님이 주신 것이라고 할 수 있습니까?"라고 질문할 수 있습니다. 이해하기 힘들겠지만, 먹는 것도, 먹지 않는 것도 하나님을 위한 것이라야 합니다. 그럴 때에 우리는 보이지 않고 들리지도 않는 하나님을 삶 속에서 느낄 수 있습니다. 감사 기도야말로 우리 삶을 풍요롭게 하는 원리이지요.

뭔가를 주고 생색을 내는 것이 아니라, 어렸을 때부터 밥을 먹으면서 감사할 줄 알게 하는 것이 교회에서 해야 할 진정한 복지의 시작입니다.

니콜라스 마스
Nicolaes Maes, 1634-1693

〈기도하는 노파〉
Old woman praying, 1656,
암스테르담 국립 미술관, 암스테르담, 네덜란드

빈센트 반 고흐
Vincent van Gogh, 1853-1890

〈식사 전 기도〉
Prayer Before the Meal, 1882, 분필, 연필,
잉크, 종이

성경 속 먹다

먹는 것에 대한 성경 말씀 두 군데를 살펴보겠습니다. 먼저 신명기 24장 18-19절입니다.

"너는 애굽에서 종 되었던 일과 네 하나님 여호와께서 너를 거기서 속량하신 것을 기억하라 이러므로 내가 네게 이 일을 행하라 명령하노라 네가 밭에서 곡식을 벨 때에 그 한 뭇을 밭에 잊어버렸거든 다시 가서 가져오지 말고 나그네와 고아와 과부를 위하여 남겨 두라 그리하면 네 하나님 여호와께서 네 손으로 하는 모든 일에 복을 내리시리라."

다음으로, 레위기 19장 9-10절입니다.

"너희가 너희의 땅에서 곡식을 거둘 때에 너는 밭모퉁이까지 다 거두지 말고 네 떨어진 이삭도 줍지 말며 네 포도원의 열매를 다 따지 말며 네 포도원에 떨어진 열매도 줍지 말고 가난한 사람과 거류민을 위하여 버려두라 나는 너희의 하나님 여호와이니라."

신명기에서 하나님은 "너 고생하던 때를 생각하라"고 말씀하십니다. 한국인에게 주시는 말씀입니다. 30-40년 전 기억이 있다면 한국이 어떻게 살았나 잠시 떠올려 보십시오. 그런데 지금 감사합니까?

당시 선교사들이 찍은 한국인들의 사진을 보면, 가슴을 내놓거나 헝클어진 머리를 한 채 갓난아이들에게 젖을 먹이는 여인들의 모습이 오늘날 아프리카 난민들과 조금도 달라 보이지 않습니다. 그러니 우리는 그 시절의 고생을 기억하고 현재 배고픈 이들을 도와야 합니다. 이처럼 강력한 메시지가 어디 있습니까? 그때 고생했다는 사실이 바로 지금 우리가 하나님의 명령을 따라야 하는 근거입니다.

신명기에서 하나님은 애굽에서 종살이하던 그때 고생한 것을 생각하며 이 일을 행하라고 명하십니다. 강력한 메시지를 내리신 것이지요. 곡식을 벨 때 남김없이 가져오지 말고 이삭을 떨어뜨려 놓아 남들이 남은 것을 주워 가서 먹게 하는 은혜를 베풀라는 것입니다. 싹쓸이하지 말고 남의 먹을 것도 남겨 두라는 뜻입니다. 그러니까 성경이 처음으로 기록한 복지는 자신의 것이라도 싹쓸이하지 말고 남을 위해 먹을 것을 남겨 두는 것입니다.

하나님은 또한 레위기에서는 곡식을 거둘 때 오히려 실수를 많이 해서 남들에게 이삭을 먹이라고 말씀하십니다. 일을 엉터리로 해서 좀 남아야 사람들이 보고는 '아, 이 사람이 어제 잘못 긁었구나' 생각하게 되니까요. 완벽하게 하지

말라는 이야기입니다. 이삭만 말씀하신 것이 아닙니다. 포
도원의 열매도 다 따지 말라고 하십니다.

이것이 가난한 사람과 이방인을 위한 하나님의 배려입니
다. 하나님은 긍휼이 많으시지만, 그분이 만드신 인간은 욕
심이 많습니다. 이를 아시기에 욕심 많은 인간에게 자기 것
을 내놓으라고 하시지 않습니다. 혹시 실수로 남겼으면 그
것만이라도 그냥 두라고 당부하신 것이지요.

그런데 현대 과학이 발달하면서 트랙터가 등장했습니다.
트랙터로 싹 밀어 버리니 이삭이 남을 수가 없습니다. 한
알도 남김없이 완벽하게 긁어 가요. 이 같은 사회 시스템에
서는 하나님의 명령이 통하지 않습니다. 어수룩한 데가 없
기 때문입니다. 옛날 같으면 어디 가서 흘린 음식이라도 얻
어먹을 수 있었겠지요. 하지만 시스템이 완벽히 짜여 있는
사회에서는 소위 '국물'이 없습니다.

한국 음식은 원래 국물이 많습니다. 싹쓸이 체질이 아니라

는 것입니다. 뭘 해도 남겨 놓을 줄 아는 민족입니다. 음식을 다 먹어도 국물이 조금은 남습니다. 저는 한국 사람들은 복 받은 사람들이라고 밤낮 말합니다. 어디 가서 이삭줍기를 하더라도 싹쓸이하지 않고 이삭처럼 남기지요. 그것이 국물입니다. 외국에서는 국물을 다 버리고 짜 냅니다. 일본 사람들이 만든 단무지만 봐도 국물이 하나도 없어요. 그런데 우리나라 김치는 무슨 종류든 국물이 반드시 있습니다.

이 국물이 바로 성경에 나오는 이삭입니다. 그것까지 싹쓸이해서 내버리거나 그것이 없으면 안 되기에 우리나라 사람들은 떡 줄 사람은 생각도 안 하는데 국물부터 마십니다. 옛날부터 이삭줍기를 해서 그렇습니다. 그리고 매우 까다롭거나 싹쓸이하는 사람들을 보고는 "국물도 없다"고 말합니다. 국물을 남겨 주는 것이 정이고, 여유이고, 사람 사는 세상입니다. 버리지 않고 남겨 두는 것입니다.

성경에 나오는 단어들은 우리나라와 전혀 다른 사막 문화,

카미유 피사로
Camille Pissarro, 1830-1903

〈에라니의 건초 수확〉
The Harvest of Hay in Eragny, 1887,
오일, 캔버스, 반 고흐 미술관, 암스테르담, 네덜란드

카미유 피사로
Camille Pissarro, 1830-1903

〈추수하는 밭 풍경〉
The Gleaners, 1889, 오일, 캔버스,
65.5×81cm, 바젤 미술관, 바젤, 스위스

유목민 문화를 배경으로 합니다. 한데 엮을 수 있을 만한 것이 별로 없는 상황인데도 한국어에는 성경과 나란히 엮어 소통이 되는 표현들이 많이 있어요.

앞서, '먹다'에 대해 이야기했지만, 한국에서는 선악과 이야기가 나올 수가 없습니다. 한국 사람들은 뱀이 인간을 유혹하기 전에 뱀을 먹어 치워 버립니다. 참 이상한 민족입니다. 먹으면 그냥 먹는 것이지, 먹어 버리거든요. 버리긴 왜 버립니까? 그런데 '먹어 버린다'고 표현해요. 먹고 버리는 것이 있으니 이삭도 생깁니다.

성경의 진리에도 이삭들이 있을 수 있습니다. 앞서 본 밀레의 〈이삭 줍는 여인들〉은 그냥 그린 것이 아닙니다. 성경에 나오는 룻의 이야기를 다 알고 있었기에 나올 수 있었습니다.

오늘날 신학생들이나 목사님들처럼 성경만 공부하신 분들은 이삭줍기의 뜻을 잘 모르실 것입니다. 저는 인문학을 하니까 알 수 있습니다. 목사님들이 말씀하시다가 놓친 이삭들이 있어요. 그 이삭들을 제가 줍습니다. 밀레의 그림에서 신명기와 레위기 말씀을 거두는 것이 저 같은 인문학자들의 역할입니다.

사실 밀레 자신도 이삭줍기의 달인이었습니다. 밀레는 모두가 귀족의 얼굴을 그려 먹고살 때 제일 먼저 풍경화에 눈을 돌린 화가입니다. 하지만 처음에는 전혀 인정받지 못했습니다. 그림이 팔리지 않아 먹고살 길이 없어 자살하려고 했을 정도니까요. 밀레가 그린 여인들과 부부는 정말 가난한 사람들이었습니다. 종소리가 울리는 대지를 향해 경건히 기도드리는 농부들의 이미지는 당대 추기경의 얼굴로는 설명할 수 없는 신학이었습니다.

밀레는 성경에 있는 이야기들을 스토리텔링했습니다. 대지를 향해 종소리가 울릴 때 농부들이 경건하게 기도를 드렸는데, 사람들은 농부들이 왜 기도하는지 몰랐습니다. 하지만 밀레는 신명기에 나온 이 이야기에 대한 지식이 있었기 때문에 그 그림들을 그릴 수 있었습니다. 농부들의 감사

귀스타브 도레
Gustave Doré, 1832-1883

〈룻과 보아스〉
Ruth and Boaz, 1866

기도와 가난한 이들에게 허용된 이삭줍기를 성경의 맥락과 연결시킬 수 있는 지식이 밀레에게는 있었던 것입니다.

이삭줍기는 예수님의 가계를 완성시키는 업적도 쌓았습니다. 자, 룻의 이삭줍기를 생각해 봅시다. 룻의 이삭줍기는 단순한 이방인의 이야기가 아니에요. 구속사에 관한 이야기입니다.

룻은 과부인 데다 이방인에, 가난하기까지 했습니다. 그래서 남이 다 수확하고 난 뒤에 떨어진 이삭을 주워 시어머니를 봉양했습니다. 어느 날 그 땅의 지주가 룻을 보고는 크게 감동해 결국 결혼까지 했고, 자식을 낳아 한 가계를 이루었습니다. 룻은 다윗의 증조모가 되고, 다윗에게서 마침내 예수님이 태어나셨습니다.

이삭줍기를 율법과 명령으로 해석하고 그친다면 밀레의 그림이 제대로 보이지 않을 것입니다. 이스라엘의 구원사를 풀어내는 서사의 단서를 보지 못할 것입니다. 이렇게 보

면 성경은 먹는 것에서 시작해 하나님의 자비를 거쳐 구속
사에까지 이르는 놀라운 이야기라 할 수 있습니다.

에밀 베르나르
Emile Bernard, 1868-1941

〈메밀 수확기〉
Buckwheat Harvesters at Pont Aven, 1888,
오일, 캔버스

예수님이 오신 목적

예수님이 가장 처음 기적을 베푸신 곳은 가나의 혼인 잔치입니다. 파올로 베로네세(Paolo Veronese)가 그린 〈가나의 혼인 잔치〉는 가로 길이가 10m 가까이 되는 거대한 그림입니다. 얼마나 큰 잔치인지 실감 나게 보여 줍니다.

처음에 저는 얼마나 큰 잔치였는지, 사람들이 이렇게 많은데 왜 포도주를 바닥나게 했는지 이유를 몰랐습니다. 동네 사람 몇몇이 와서 잔치를 했다면 포도주가 떨어질 수도 있

파올로 베로네세
Paolo Veronese, 1528-1588

〈가나의 혼인 잔치〉
The Wedding at Cana, 1562, 오일, 캔버스,
666×990cm, 루브르 박물관, 파리, 프랑스

겠지만, 적어도 이렇게 큰 잔치를 할 계획이었다면 처음부터 포도주를 충분히 마련했어야 하는 것이 아닌가 싶습니다. 더구나 성경에 따르면, 일주일 동안 잔치를 한다고 했고 3일째 되는 날 포도주가 떨어졌습니다.

성경에 따르면, 이날은 예수님이 제자들을 부르신 날과 관련이 있습니다. 예수님은 세례 요한의 세례를 통해 세상에 데뷔하셨고, '이튿날' 많은 일이 일어났습니다. 세례 요한이 예수님을 "세상 죄를 지고 가는 하나님의 어린양"(요 1:29)이라고 불렀고, 요한의 두 제자가 예수님을 따랐지요. 그중 하나가 베드로의 형제 안드레였습니다(요 1:40). 또한 갈릴리로 가시던 예수님은 빌립과 나다나엘을 만나 제자로 부르셨습니다(요 1:43-51).

즉 예수님은 공생애에 나선 지 세 번째 날에 갈릴리 가나에서 열린 혼인 잔치에 참석하신 것입니다. 예수님은 공생애 셋째 날부터 '먹는 문제'를 다루신 것입니다. 제자들은 예수님의 제자로 부르심을 받고 다음 날부터 현실에 대한 자각이 왔는데 그것이 바로 먹는 문제였다는 것이지요.

혼인 잔치에 포도주가 떨어졌습니다. 유대인들은 결혼식에서 온 마음을 다해 기뻐하는 것이 하나님의 명령이라고 생각하는 사람들입니다. 그런데 마실 것이 떨어졌으니 다들 마음이 상할 것 아닙니까.

예수님의 어머니 마리아도 잔치에 초대된 손님이었는데, 손님이 잔칫상에 포도주가 떨어진 것을 걱정했습니다. 물론 손님도 걱정은 할 수 있어요. 그런데 똑같은 처지인 손님에게 해결을 하라는 것은 이상한 것이지요. 포도주가 떨어졌고 큰일 났는데 마리아가 아들에게 어떻게 해 보라고 말한 것입니다.

그러자 예수님은 "여자여 나와 무슨 상관이 있나이까"(요 2:4)라고 말씀하셨습니다. 자기 어머니를 "여자여", 영어 성경으로는 "woman"이라고 부르셨습니다. 한국에서는 어머니더러 "여자여" 하면 패륜이지만, 당시 이 동네에서는 존칭이었을 거예요. 어찌 되었든 예수님은 "여자여(부인이여)! 나와 저 포도주가 떨어진 것이 무슨 관계입니까?"라고 말씀하셨습니다. 초대받아서 온 자신과 잔치에 포도주가 떨어진 것이 무슨 상관이냐고, 나에게 왜 그 이야기를 하느냐고 말씀하시는 것 같습니다.

그런데 마리아는 예수님의 말을 무시하고는 잔치에 시중드는 종들을 불러다가 지시했습니다. 이 사람이 시키는 대로 하라고 말했습니다. 과연 예수님은 맹물, 그것도 손 씻기 위한 용도로 가져다 놓은 항아리의 물을 떠서 포도주 대신 가져다주라고 하셨습니다. 마리아가 진작 일러두지 않았다면 제정신이 아니라고 무시하기 십상이었을 방법입니다. 주인도 아닌 손님이 하라고 했다고 그 큰 돌 항아리를 물로 채우고 포도주 대신 그 물을 갖다 주는 일이 정상입니까?

성경을 볼 때마다 참 이상한 부분이 많습니다. 세세한 의문은 제쳐 놓고 이 장면에 집중해 봅시다. 예수님은 먹는 것, 입는 것, 병든 것을 고치러 오신 분이 결코 아닙니다.

가나 혼인 잔치도 전후 문맥을 보면 이렇습니다. 예수님은 "포도주가 떨어진 것이 저와 무슨 상관이 있습니까? 왜 제가 포도주를 만들어야 합니까?"라고 말씀하셨습니다. 사실 포도주를 만드는 것이 예수님이 오신 목적이고 그것이 가난한 사람들을 도와주는 것이라면 어머니가 말하기 전에 포도주가 채워졌어야 맞지요. 하지만 예수님은 아직 때가 오지 않았다고 말씀하셨습니다. 자신은 혼인 잔칫집에 포도주를 만들러 온 사람이 아니라고 하셨거든요.

예수님이 "내 때가 아직 이르지 아니하였나이다"(요 2:4)라고 말씀하신 것은, 자신이 먹고 마시는 것을 위해 온 것이 아니라는 뜻입니다. 예수님의 때는 생명의 희생과 부활입니다. 나머지는 거기 이르기 위한 도상의 과정들입니다. 그것을 위해 정진해야 할 때에 무슨 뚱딴지같은 일을 벌이겠느냐는 것입니다.

혼인 잔치에서 떨어진 포도주를 채워 주는 것이, 사람들의 흥을 돋우는 것이 왜 예수님의 일입니까? 결혼이 뭐지요?

자식 낳고 사는 것입니다. 잔치에서 포도주가 무엇입니까? 먹고 마심으로써 만족을 주는 것입니다. 인간은 결국 죽습니다. 지금 만족한들 그것이 얼마나 지속되겠습니까?

예수님은 이런 세속적인 기쁨을 위해 오신 것이 아닙니다. 영원히 사는 생명을 위해 피를 주러 오신 분입니다. 그런데 사람들은 세속적인 기쁨을 계속 요구한 셈이지요. 진정한 기적은 딱 하나, 부활밖에 없었습니다. 나머지는 표적일 뿐이었습니다.

그러나 예수님은 자신의 때에 맞지 않는 요구를 끝까지 외면하지 못하고 일탈하셨습니다. 사랑이 많은 분이시기 때문입니다. '먹고 마셔 봐야 또 배고프고, 또 목마르고, 결국 죽을 테지만 좋다고 하는 너희가 불쌍하구나. 한 번뿐인 일생의 결혼식에 내 때가 오지 않았다고 모질게 대할 수는 없겠구나' 생각하며 일탈을 하신 것입니다.

예수님은 법대로 하는 냉혹한 구약의 신과 달리 인간을 이

히에로니무스 보쉬
Hieronymus Bosch, 1450-1516

〈가나의 혼인 잔치〉
The Marriage Feast at Cana, 1485,
오일, 패널, 93×72cm, 보이만스 반 뵈닝겐 미술관,
로테르담, 네덜란드

해하시는, 인간의 몸을 입으신 분이기 때문입니다. 예수님은 인간이 어떤 존재인지를 아시고, 악이 무엇인지를 아시며, 슬픔이 무엇인지를 아시는 인간의 아들로 오신 것입니다.

그리스도인들인 우리가 할 일은 바로 이 지점에서 시작합니다. 그분의 권능으로 맹물을 포도주로 만드신 것이 예수님이 이 땅에 오신 목적이 아님을 아는 데서 시작해야 합니다. 우리가 섬겨야 하는 사람들은 결국 죽어야 할 사람들, 먹어도 배고프고 마셔도 목마른 사람들이잖아요. 그들에게 영원한 생명을 주는 것이 예수님이 오신 목적입니다. 우리도 이 목적을 의식하면서 일탈해야 합니다.

세속적 유구의 세계를 만족시키기 위해 교회가 존재한다고 잘못 생각하면 안 된다는 것입니다. 그것을 넘어서야 합니다. 이야기를 잘못 알면, 가나 혼인 잔치에서 일어난 기적이 얼마나 대단한 것인지는 알지만 정작 하나님의 위대하심은 모르게 되지요.

예수님은 "때가 오지 않았습니다. 제가 할 일은 이것이 아닙니다. 때가 되면 그때 모든 사람에게 저를 노출시키겠습니다. 지금은 아닙니다"라고 말씀하셨습니다. 하지만 예수님은 어머니의 강요에 의해 결국 할 수 없이 기적을 행하셨어요. 오병이어의 기적도 마찬가지입니다.

훗날 예수님은 갈릴리 들판에서 5천 명을 먹이셨습니다. 얼마나 중요한 사건인지 사복음서가 모두 기록하고 있습니다(마 14:13-21; 막 6:30-44; 눅 9:10-17; 요 6:1-13). 이때 예수님 덕분에 빵을 먹고 배부른 이들은 흥분해서 예수님을 땅의 임금으로 옹립하려고 했습니다.

배를 채우는 빵을 기적이라고 생각하면 너무나 큰 오해입니다. 예수님은 자신을 임금으로 만들려고 몰려든 사람들을 피해 도망가셨어요. 예수님의 목적이 땅의 임금이 되는 것이었다면 대단한 기회였을 텐데, 그분은 유혹에 넘어가지 않고 오히려 그 자리를 피하셨습니다.

콘라드 비츠
Konrad Witz, 1400-1446

〈고기잡이의 기적〉
The Miraculous Draught of Fishes, 1444,
제네바 예술 및 역사 박물관, 제네바, 스위스

제임스 티소
James Tissot, 1836-1902

〈빵과 물고기의 기적〉
The Miracle of the Loaves and Fishes, 1886-1896,
브루클린 박물관, 뉴욕, 미국

예수님이 세상에 오신 이유를 오해하면 안 됩니다. 돌덩이를 빵으로 만드는 유혹에 빠져서는 안 됩니다. 우리의 목적이 군중의 배를 채우는 것이 된다면 그 결과는 하나님 나라에서 더욱 멀어질 것입니다. 이적만 대단하다 추켜세울 뿐 정작 하나님의 위대하심은 모르게 됩니다.

간혹 기독교 방송을 보면 하나님이 물질적으로 채워 주셨다는 이야기가 장황하게 소개됩니다. 누가 얼마 헌금해서 교회 건물을 몇 층으로 호화롭게 지었다는 거예요. 그런 이야기의 배경에는 성도들이 부유해진 것은 전부 가난한 형편에도 교회에 헌금했기 때문이라는 의도가 깔려 있습니다. 물론 이것이 사실이라고 해도 이것을 하나님이 살아 계신 증거로 들이대면 안 됩니다. 교회 건물 못 짓고 망하는 교회들은 그럼 어떻게 설명합니까? 하나님을 제대로 안 믿어서 그런 건가요? 아프거나 고난을 만나는 사람들은 믿음이 잘못되었기 때문입니까?

사실 이런 부류의 믿음을 끔찍하게 싫어하신 분이 예수님

존 에버렛 밀레이
John Everett Millais, 1829-1896

〈부모의 집에 계신 예수 그리스도〉
Christ in the House of His Parents, 1849,
오일, 캔버스, 86.4×139.7cm,
테이트 브리튼, 런던, 영국

이십니다. 자신에게서 이적을 찾지 말라고 경고까지 하시지 않았습니까. 이적을 일으키실 때는 베드로와 측근 제자들만 데리고 가셨습니다. 다른 사람들에게는 그 현장을 보여 주시지도 않았습니다.

부활하신 예수님은 제자들에게 또 먹을 것을 마련해 주셨습니다. 엠마오로 가는 도상에서 만난 제자들과 빵을 떼시고, 갈릴리 바닷가 생업으로 돌아온 제자들에게 물고기를 구워 주셨습니다. 이것이 예수님이 우리에게 빵을 주신 이야기입니까?

예수님의 긍휼을 그분이 전하신 복음의 본질과 혼돈해서는 안 됩니다. 예수님은 때가 이르지 않았지만 사람들을 향한 긍휼 때문에 할 수 없이 자신을 노출하셨습니다. 예수님이 마침내 때가 되어 자신이 할 일을 하셨을 때 대부분의 제자들과 믿는 자들은 도망을 쳤습니다.

폴 고갱
Eugène Henri Paul Gauguin, 1848-1903

〈황색의 그리스도〉
The Yellow Christ, 1889, 오일, 캔버스, 92×73cm,
올브라이트 녹스 미술관, 뉴욕, 미국

최후의 만찬과 혼밥

요즘 한국 사람들의 식문화에서 특이 사항은 '혼밥' 문화
입니다. '혼자 먹는 밥'을 줄여서 하는 말입니다. 밥은 원
래 혼자 먹는 것이 아니지 않습니까? 예수님도 여럿이 같
이 드셨습니다. 인간이 가장 외로워 보일 때가 혼자 밥 먹
는 순간이 아닐까 생각합니다. 물론 주동적으로 혼밥을 택
한 것이 아니라 어쩔 수 없이 혼밥을 해야 할 때 그렇지요.

원래 불교에서는 다 같이 앉기는 하지만 침묵 속에서 혼밥

을 합니다. 정적인 종교이기 때문입니다. 그런데 기독교 문화는 공동체(community)의 어울림(communion)을 중시합니다.

기독교 문화는 우리나라 정서와 이 부분에서 딱 맞습니다. 《춘향전》을 보면, 원님이 밥을 먹는데 거지도 와서 어울립니다. 먹고 마실 때는 위아래가 없는 것입니다. 그것이 난장(亂場)이지요. 그래서 잔치에서는 양반을 욕하는 일도 허락되었습니다. 혼밥과 잔칫상 중에 우리의 천성은 후자 쪽인 것 같습니다.

저는 1973년 〈경향신문〉 특파원으로 6개월간 프랑스 생활을 했는데, 그때 혼자 밥을 먹으며 반찬이 없어도 밥이 짤 수 있다는 것을 실감했습니다. 그 당시 예수님의 '최후의 만찬'에 대해 쓴 글이 있습니다. 믿지 않을 때 쓴 것인데 지금도 생각이 크게 달라지지 않은 것을 보면 사람은 쉽게 변하지 않나 봅니다. 그 글을 소개합니다.

예수는 혼자서, 다만 혼자서 외롭게 십자가에 못 박혀

야코포 틴토레토
Jacopo Tintoretto, 1518-1594

〈최후의 만찬〉
The Last Supper, 1592-1594, 오일, 캔버스,
365×568cm, 산 조르조 마조레, 베네치아,
이탈리아

죽었다. 모든 인간의 괴로움, 원죄의 무거운 짐을 혼자서 걸머지었다. 길에서 십자가를 같이 짊어지자고 했을 때에도 그는 그것을 거부하였다. 그러나 식사만은 혼자서 하지 않았다. 그는 여럿이 자리를 같이해서 먹기를 희망하였다. 그것이 바로 '최후의 만찬'이었다. 죽음을 홀로 감수하는 사람조차도 빵을 먹고 술을 마시는 데에만은 타인이 필요했던 까닭이었다. 예수의 십자가 옆에는 최후 만찬의 또 다른 식탁의 의미가 있었다는 것을 잊어서는 안 된다.

종교의 의미를 말하려는 것이 아니다. 개인과 집단의 관계는 바로 십자가와 만찬의 식탁처럼 역설적인 상관성을 지니고 있다는 사실이다.

예술가는 예수처럼 위대하지는 않지만, '십자가와 식탁'의 의미를 동시에 지니고 있다는 점에 대해서는 같은 길을 걷고 있다고 해도 과언이 아니다.

작가는 언어를 그의 식탁 위에 놓는다. 그리고 그의 친한 이웃들이 함께 착석해 주기를 원한다. 빵과 술이 되는 그 언어는 그 자신의 육체요 피인 것이다. 함께 먹고, 함께 마시는, 그리고 주고 또 받아먹는 그 만찬의 관계야말로 언어의 커뮤니케이션이다. 희열이다. 말은 혼자 말하기 위해 있는 것이 아니다. 너와 나를 이루는 통로이며 내가 타인으로 확대되어 가는 파문이다.

그러나 작가가 벌이는 향연의 식탁은 세속적인 잔치, 로마의 왕들이 벌이던 그런 만찬과 구별되어야 한다. 작가의 언어는 커뮤니케이션에서 끝나는 것이 아니라 동시에 다만 혼자서 짊어지는 십자가이기도 한 까닭이다. 십자가는 그를 떠나게 한다. 많은 이웃들로부터 그를 떠나게 만든다. 술잔을 같이 기울이던 사람도, 빵을 함께 찢던 사람도 그 자리에 함께 이를 수 없다는 것을 그는 안다. 식탁이 커뮤니케이션이라면 십자가는 그 커뮤니케이션의 단절이다. 식탁이 역사요, 사회요, 집단이라면 십자가는 개인의 본질이요, 사랑이요, 죽음인 것이다.

그러므로 '최후의 만찬'처럼 작가는, 시인은 하나의 식탁 위에 그의 언어를 마련하고 있는 사람인 것이다. 따스함과 눈물이 함께 있는 향연의 분위기 속에서 교감과 단절의 모순, 그리고 그 긴장 속에서, 한 조각의 빵과 한 방울의 술을 마신다. 최후 만찬-이것이 인간을 위해서 예술이 베풀 수 있는 최대의 잔치일는지도 모른다.

예수님의 최후 만찬은 어떻습니까? 단순한 잔칫상이 아닙니다. 예수님은 유월절 명절 저녁이면 십자가에 달려 죽으실 예정이었습니다. 이 자리에는 예수님을 배신한 제자 유다도 있었습니다.

예수님은 유다에게도 빵과 포도주를 주셨습니다. 같이 먹는 것은 용서한다는 뜻이거든요. 예수님은 유다에게 "나가서 해야 할 바를 하라"고 허락하셨습니다. 예수님이 오히려 유다를 동정하셨다고 생각합니다. "태어나지 말 걸 그랬구나"하며 불쌍하게 여기셨습니다. 배신자까지 헤아리시는 예수님은 이 잔칫상에서 가장 외로운 분이셨습니다.

레오나르도 다빈치
Leonardo Da Vinci, 1452-1519

〈최후의 만찬〉
The Last Supper, 1495-1497, 석고, 템페라,
460×880cm, 산타 마리아 델레 그라치에 교회,
밀라노, 이탈리아

먹는 것은 먹는 대상을 없어지게 만드는 행위입니다. 사과를 먹기 전에는 보기도 하고, 향긋한 냄새도 맡고, 먹으면서 아삭아삭 소리도 들을 수 있는데, 먹고 나면 없어져 버리잖아요.

프랑스의 저명한 인류학자이자 구조주의자인 클라우드 레비 스트로스(Claude Levi Strauss)에 따르면, 사랑에 관한 성적(性的) 용어는 동서고금 전 세계를 막론하고 전부 먹는 것과 관련이 있습니다. '사랑하는 사람'을 영어권에서 '허니'(honey, 꿀)라고 부릅니다. 미각이 동원되는 것이지요. 이것은 기분 나쁜 비유만이 아닙니다. 그만큼 먹는 것은 '하나가 된다', '일체가 된다'는 뜻이거든요.

상대방을 볼 수도, 들을 수도, 만져 볼 수도 있을 때는 여전히 밖에 있는 때입니다. 그런데 그 상대를 먹어 버리면 자기 속으로 들어와 하나가 됩니다. 그런 면에서 사랑에서 가장 가까운 감각이 미각이라고 할 수 있습니다.

예수님도 우리에게 친히 당신을 최후의 만찬에서 먹고 마시게 해 주셨습니다. 바로 성찬을 행하셨던 것이지요. "너희를 위하는 내 몸이니 이것을 행하여 나를 기념하라"(고전 11:24)고 하셨고, "내 피로 세운 새 언약이니 이것을 행하여 마실 때마다 나를 기념하라"(고전 11:25)고 하셨습니다. 밖에 계셨던 예수님을 그분의 말씀대로 먹고 마심으로써 온전히 기념하게 된 것입니다.

예수님은 성찬을 공동체에서 행하셨고 우리는 지금 교회에서 그 말씀을 그대로 따르며 성찬을 행합니다. 가장 가까운 사랑을 경험하는 순간입니다.

유스투스 반 겐트
Justus van Gent, 1410-1480

⟨성찬의 제정⟩
The Institution of the Eucharist, 1473-1475,
오일, 패널, 331×335cm

십자가의 목마름

인간으로 오신 예수님은 십자가형을 받아 인간이 당하는 고통을 고스란히 경험하셨습니다. 십자가 형틀에서 예수님께 남은 마지막 욕망은 무엇이었을까요? 목마름입니다. 얼마나 목이 마르셨는지 몇 마디 하지도 못하는 참혹한 순간에 "내가 목마르다"(요 19:28)는 말씀은 또렷이 남기셨습니다. 이를 들은 사람들이 신 포도주를 가져다 드렸습니다.

이 순간이 반전이고, 상징입니다. 정작 예수님은 우리에게

렘브란트 반 레인
Rembrant Harmenszoon van Rijn, 1606-1669

〈십자가에서 내려지는 그리스도〉
The Descent from the Cross, 1634, 유화,
158×117cm, 에르미타주 박물관,
상트페테르부르크, 러시아

영의 양식이 되어 주셨는데, 그분께는 목마름이 남은 것입니다.

이스라엘 같은 사막 지역에서 목마름은 생명과 직결되는 문제입니다. 목마름을 해결하지 못하면 죽을 수 있습니다. 말세란 아무리 빵을 먹어도 배가 부르지 않고, 아무리 물을 마셔도 목이 마른 형벌이 임하는 때입니다.

지금 우리가 그렇지 않습니까? 이렇게 풍요로운데 그 속에 어느 때보다 잔혹한 빈곤이 도사리고 있습니다. 이 풍요의 빵은 죽는 빵이기 때문입니다. 하나님 말씀은 영원한 빵입니다. 그러므로 죽지 않기 위해서 영원한 빵, 하나님 말씀을 먹어야 합니다. 이로써 사람은 빵만이 아니라 하나님 말씀으로 살게 됩니다.

또 잠깐의 갈증을 달래 주는 물이 아니라 영원히 목마르지 않는 물을 마셔야 합니다. 구약 시대 하나님의 선지자는 하나님이 주신 말씀을 두루마리째 직접 삼키는 시청각 퍼포

먼스를 보여 주기도 했습니다(겔 3:1-3). 지금 우리가 그럴 필요는 없습니다. 그러나 우리가 사회에게 건네는 빵이 적어도 빈곤과 목마름이어서는 안 되겠습니다.

예수님은 인간이 누구이고, 악이 무엇이며, 슬픔이 뭔지 아는 인간의 아들로 오셨어요. 그래서 우리를 위해 일탈을 하신 것입니다. 그렇기 때문에 우리가 주려는 기독교 복지는 예수님이 권위로 맹물을 포도주로 만드신 그런 유가 아닙니다. 오해하면 안 돼요. 진정 슬픈 자들, 죽어야 할 자들, 먹고 마셔도 여전히 배고프고 목마른 이들을 구하고 생명을 주기 위해 예수님이 오신 것입니다.

교회의 역할을 육의 세계를 만족시키는 것으로 생각할 수 있는데, 하지 말라는 것이 아니라 넘어서야 합니다. 육을 넘어 영적 허기와 목마름을 채워 주어야 합니다.

이 돌들로 떡덩이가 되게 하라

예수님이 40일간 금식하며 기도하시고 마귀의 시험에 놓였을 때의 일입니다. 예수님께는 일종의 수능 시험과 마찬가지였습니다. 세 개의 시험 중 첫 번째가 "돌을 떡이 되게하라"는 유혹이었습니다. 예수님은 거부하셨습니다. 일용할 양식이 단순한 빵이라면 그것을 만들어 줬어야 합니다. 그런데 예수님이 왜 거부하셨습니까? 먹는 것이 그렇게 중요한 일이라면 돌을 빵으로 만드셨어야 합니다.

우리는 늘 일용할 양식을 구하잖아요. 그분은 일용할 양식을 주시는 분이니 빵을 만드셨어야 합니다. 도스토옙스키의 소설 《카라마조프 형제들》에 등장하는 대심문관의 질문처럼 "어째서 빵을 만들지 않았는가?" 질문할 수밖에 없습니다. 돌을 빵으로 만드셨으면 여러 문제가 다 해결되었을 것입니다. 가난도 없고, 굶주림도 없고, 혁명도 없고, 배곯아 죽은 자식 앞에서의 통곡도 없었을 것입니다. 하나님의 은총 속에서 모두 행복하게 살았을 것입니다. 그런데 왜 거부하셨을까요?

이때 예수님이 하신 말씀이 굉장히 중요합니다. 예수님은 "사람이 떡으로만 살 것이 아니라"라고 하셨습니다. '빵으로만'은 살 수 없다는 말입니다. 이것은 빵이 중요하지 않다는 말이 아니죠. 주기도문의 고백처럼 하나님이 일용할 양식을 주시는 분이 맞습니다. 그래서 우리는 감사합니다.

그런데 하나님은 빵만을 주시는 분이 아닙니다. 만나는 일용할 양식이지만 결국 먹고 죽을 양식입니다. 살아가는 데

빵도 필요하지만 그것은 결국 죽을 빵입니다. 생명의 빵이 따로 있다는 것이지요. 예수님은 죽을 빵을 생명의 빵으로 만들어 주시는 분입니다. 그런데 사람들은 죽을 빵만 달라고 그럽니다. 예수님은 먹는 것을 부정하신 적이 없습니다. 하지만 육신의 먹는 것이 전부가 아닙니다. 일용할 양식(daily bread) 넘어서 있는 생명의 떡(bread of life)을 주러 오신 분이 예수님입니다.

예수님이 마귀의 첫 번째 시험에서 돌을 빵으로 만드셨다고 칩시다. 그때부터는 빈부도 없어지고 배고픈 사람도 없어질 것입니다. 그런데 돌멩이가 새끼를 치나요? 새끼 치지 않습니다. 석유와 마찬가지로 유한한 자원입니다. 생명이 없습니다.

그렇게 천 년이 지났다고 생각해 봅시다. 결국 돌멩이도 다 없어질 것입니다. 석유가 고갈되는 것과 똑같습니다. 처음에는 돌멩이를 주워 먹으면 됩니다. 땀 흘리지도 않고, 노동하지도 않고, 씨 뿌리지도 않고 말이죠. 그런데 천 년이 지나면 돌멩이가 다 없어집니다. 그때가 되면 교회 외벽의 돌이라도 캐서 먹어야 됩니다.

그와 반대로 벼 톨은 생명이 있는 것입니다. 하나가 열이 되고, 열이 백이 되니 천년만년 갑니다. 그래서 하나님이 땀 흘리고 곡식 뿌리며 짐승을 길러서 새끼 쳐서 먹으라고 하신 것입니다.

물도 마찬가지입니다. 사막에 물탱크를 지어서 물을 가두어 놓았다고 생각해 봅시다. 며칠이나 가겠습니까? 결국 물은 샘솟아야 합니다. 그것이 야곱의 우물입니다. 물이 샘솟으니 가축도 먹고 삽니다. 그런데 언젠가는 샘도 마르겠지요. 그래서 예수님은 한 번 마시면 영원히 목마르지 않는 물을 과부에게 가르쳐주신 것입니다. 예수님이 주신 포도주는 영원한 것입니다. 우물물은 언젠가 마르지만 포도는 계속해서 열매가 열립니다.

예수님이 주시는 빵은 돌 빵이 아닙니다. 그 빵은 귀리 맛입니다. 귀리는 누가 만드나요? 하나님이 주신 씨앗을 우리가 땀 흘려 농작해서 먹게 됩니다. 그것이 하나님의 사랑이고 우리가 처한 현실입니다. 그래서 노동해서 얻은 일용할 양식을 하나님이 주신다는 고백이 진리가 됩니다.

그런데 우리는 교회에 와서 돌멩이를 먹게 해 주시는 예수님을 찾고 있는 것입니다. 원죄가 있다는 말은 예수님이 대속하시지 않고서는 누구도 그 현실로부터 벗어날 수 없다는 것과 같은 말입니다. 먹고 살아야 할 죽을 빵을 노동해서 반드시 먹어야 한다는 말입니다. 비록 죽을 빵임에도 먹도록 해 주신 은혜에 감사하며 땀 흘려 사는 것이 아니라 돌멩이 빵을 먹으려는 것이 우리의 현실입니다.

교회에서 주어야 할 복지는 돌멩이 빵도 아니고, 먹고 죽을 빵도 아닙니다. 바로 생명의 빵입니다. 이 생명의 빵 자체가 바로 예수님입니다. 예수님이 바로 우리가 먹어야 할 하나님의 말씀입니다. 예수님이 나누어 주신 빵인 그분의 몸과 포도주인 그분의 피를 먹으면, 그것이 우리 안으로 들어

와 우리를 살게 합니다. 영원히 주리지 않고 목마르지 않을
그 생명의 빵을 주는 곳이 교회여야 합니다.

제
2
부

듣
다

듣는 것과 아는 것

빵이 중요하기는 하지만, 빵보다 한 단계 더 높은 것이 있습니다. 사탄은 사람들에게 빵만 안겨 주면 다 만족할 줄로 압니다. 하지만 빵은 기본일 뿐이고, 인간은 하나님 말씀을 들어야 합니다. 듣는 것이 생명의 양식입니다. 이제, 먹는 것 다음으로 듣는 것에 대해 이야기해 보려고 합니다.

하나님 말씀을 듣는 것이 매우 중요합니다. 혼자 성경 읽고 묵상하면 되지 왜 교회에 가나요? 목사님의 설교를 직접 들으러 가는 것입니다. 하나님 말씀을 들으러 갑니다. 그것이 양식입니다.

육의 양식을 먹지 않으면 배가 고프듯이, 하나님 말씀을 듣지 않으면 정신이 고픈 법입니다. 한국 교회는 육의 배고픔과 영의 배고픔을 혼동해 오지 않았나 생각합니다. 그래서 예수 잘 믿어서 복 받고 잘 살게 되었다는 주장을 합니다. 또 배고픈 문제를 해결했는데, 오히려 정신은 더욱 고통스럽지요. 배부른 것이 인생의 목적이라는 데 동의할 사람은 없을 것입니다. 하나님 말씀은 그 갈증을 해소하는 생수입니다.

프랑스어는 동사 '듣다'가 '이해하다'와 같은 단어예요. '엉떵드흐'(entendre)가 듣고 이해한다는 동사입니다. 물론 '듣다'의 물리적인 행위로 '에꾸떼'(ecouter)가 있고, '이해하다'의 동사로 '콩프렁드흐'(comprendre)가 쓰이기는 합니다. 하지만 듣는 행위가 이해하는 행위와 직결되어 있다는 것이 프랑스어의 관점인 듯합니다.

우리말도 '이해하다'는 '듣다'와 관련되어 있습니다. "내 말 알아들어?" 하게 되면 접수했냐는 질문입니다. 이에 대한 답으로 듣기는 들었지만 알아들은 경우도 있고, 못 알아들은 경우도 있겠지요.

사실 우리말은 아는 것 자체가 모호한 인지 영역이기는 합니다. '알다'의 반대 개념으로 '알지 않다' 대신에 '모르다'라는 독자 영역이 있습니다. 덕분에 아는 것도 아니고 모르는 것도 아닌 모호한 상태가 존재합니다.

영어에서는 '알았다', '접수했다'는 뜻으로 'I see'를 사용합니다. 그들에게는 보는 것이 알아듣는 비결입니다. 우리말에서 '보다'라는 말 자체는 판단 유보의 성격이 강합니다. '들어 보다', '봐 보다', '해 보다'처럼 다른 말 뒤에 붙으면 '시도해 본다'는 의미가 되기도 하지요. 즉 우리말에서는 '보다'가 행위가 되려면 의지가 필요합니다. 결국 영어는 시각만으로 '이해하고 접수한다'는 의미를 전달할 수 있고, 그에 비해 우리말이나 프랑스어는 청각을 통해 이해하는 개념을 표현한다고 할 수 있겠지요.

단순화하자면, 그리스 문화는 보는 문화이고 유대 문화는 듣는 문화입니다. 유대 문화는 신의 초상이 우상화의 길이라며 금지했지만, 헬라 문화는 에이콘(eikon, 형상)을 선호했거든요. 에이콘, 즉 이콘(icon)이 어원적으로 에이돌론(eido-lon), 그러니까 우상과 연관되어 있다는 것은 의심의 여지가 없습니다.

그런데 비잔틴 시대 교회의 이콘이나, 르네상스 시대 이후 서구 기독교의 그림에서 재미있는 점이 발견됩니다. 예수님이 파란 눈의 금발 백인으로 그려졌다는 것입니다. 예수님은 레반트(Levant, 그리스와 시리아와 이집트를 포함하는 동부 지중해 연안 지역의 역사적인 지명) 땅에서 태어나셨는데, 이런 왜곡이 일어났습니다.

사실 예수님이 어떤 외모인지에 대해 근거 있는 문헌 자료는 없습니다. 영국 BBC가 2001년 "하나님의 아들"(Son of

God)이라는 제목의 다큐멘터리에서 여러 학자들의 견해를 근거로 내린 결론에 따르면, 예수님의 피부는 올리브 빛깔에 거무스름했다는 것 정도입니다.

이콘을 우상의 연장선으로 본다면 조각은 어떻습니까? 십자가도 일종의 우상 숭배일 수 있습니까? 십자가를 쓰게 된 것도 로마에 시각 문화가 남아서였을 것입니다. 원칙적으로 하면 십자가도 없어야 되겠지요. 예수님을 시각화하고, 죽음의 비참한 이콘으로 만들려는 시도이기 때문입니다.

사람은 볼 수 없는 것은 알지 못하는 법(人不知不可視, 인불지불가시)입니다. 그런 점에서 '백문이불여일견'(百聞而不如一見), 즉 백 번 듣는 것보다 한 번 보는 것이 낫다는 것은 아주 과학적이긴 하지만 동시에 매우 세속적인 태도이기도 합니다. 초월적인 대상은 보지 않고 믿는 것입니다. 예수님 옆구리의 창 자국을 만져 봐야 그분이 부활하셨는지 알 수 있다고 한 도마보다 보지 않고 믿는 이들이 더 행복하잖아요.

미켈란젤로 메리시 다 카라바조
Michelangelo Merisi da Caravaggio, 1573-1610

〈의심하는 도마〉
The Incredulity of Saint Thomas, 1601-1602,
오일, 캔버스, 107×146cm, 상수시, 포츠담, 독일 예수님의 기적을 눈으로 목격한 사람들은 많지 않았습니다. 예수님이 그랬다더라, 소문을 들은 사람들이 훨씬 많았어요. 그들은 듣고 믿은 사람들입니다. 성경도 "그러므로 믿음은 들음에서 나며 들음은 그리스도의 말씀으로 말미암았느니라"(롬 10:17)라고 말합니다. 믿음은 보는 것이 아닙니다.

빵이 중요하기는 하지만,

빵보다 한 단계 더 높은 것이 있습니다.

사탄은 사람들에게 빵만 안겨 주면 다 만족할 줄로 압니다.

하지만 빵은 기본일 뿐이고,

인간은 하나님 말씀을 들어야 합니다.

듣는 것이 생명의 양식입니다.

들음의 세계, 수동의 세계

기독교 상징은 하나님 말씀을 빵에 비유하고 그것을 먹는 것이 영생을 얻는 길이라고 이해합니다. 하나님 말씀을 '먹다'라는 말을 인간 실존으로 볼 때는 '듣다'로 해석할 수 있습니다.

하나님은 시각적으로 보이는 것을 우상으로 금지하시고, 자신의 종들에게 말씀을 들려주셨습니다. 아브라함을 시작으로 하나님께 부르심을 받은 이들은 하나님의 모습을 보지 못하는 완벽한 들음의 세계에 머물렀습니다.

이런 차원으로 접근해도 '예배 본다'는 것은 말이 안 됩니다. 예배는 보는 것만으로 안 됩니다. 먹거나 들어야 합니다. 우리말에서 '볼일'이란 대수롭지 않은 일을 의미합니다. 예배드리러 가는 것이 볼일 보러 가는 것과 같아서야 되겠습니까.

시인 김소월의 시 중에 "엄마야 누나야 강변 살자"를 다들 아실 것입니다.

> 엄마야 누나야 강변 살자
> 뜰에는 반짝이는 금모래 빛
> 뒷문 밖에는 갈잎의 노래
> 엄마야 누나야 강변 살자.

이 시에서 기가 막힌 것이 2, 3행입니다. "뜰에는 반짝이는 금모래 빛 / 뒷문 밖에는 갈잎의 노래"인데 앞뜰은 보는 것이고, 뒷문은 듣는 것입니다. 이 짧은 시에서 인간의 감각이 조화롭게 요동을 치니 대단한 작품이지요.

보는 것은 내가 보려고 하면 보입니다. 그런데 듣는 것은 들으려 해도 안 들리고, 안 들으려 해도 들릴 수 있습니다. 돌아서는 나를 부르면 왜 부르는가 싶어 돌아봅니다. 하지만 눈은 뒤통수에 없으니까 부르는 소리가 없이는 절대 뒤돌아 볼 수가 없습니다. 돌아보면 소금 기둥이 되어 죽기도 합니다(창 19:26). 보는 것은 항상 정방향으로 자기가 추구하는 세계이고, 듣는 것은 사방에서 자신의 의지와 상관없이 쏟아지는 세계입니다.

기독교에서 절대적으로 들음의 세계가 강조되는 것이 기도입니다. 기도는 들음의 세계입니다. 예수님의 가르침도 들음의 세계입니다. 예수님이 "귀 있는 자는 들으라"라고 강조하신 경우는 대개 사람들이 예수님의 말씀을 잘못 알아듣고 오해했기 때문입니다.

산상수훈(마 5-7장)은 대규모 군중이 모여 있어서 예수님이 산에 올라 전하신 말씀입니다. 사람들이 워낙 많았기에 "진실로 진실로 너희에게 이르노니"라며 중요한 이야기를 하시기보다는, 엄밀히 보면 수많은 사람에게 일방적으로 전달해 주신 가르침에 가까워요.

하지만 정작 예수님은 "귀 있는 자는 들으라" 할 만큼 "진실로 진실로 너희에게 이르노니"라고 하며 심오해서 알아듣기 힘든 내용을 말씀하셨습니다. 그래서 예수님의 일방적인 교훈을 알아듣지 못한 이들이 밤중에 몰래 예수님을 찾아오곤 했습니다. 대표적인 인물이 바리새인 니고데모예요. 니고데모는 예수님이 하나님이 보내신 분이라는 사실도 믿은 사람입니다.

그런데 니고데모는 거듭난다는 것이 무슨 말인지 알아듣지 못했습니다. 듣기는 했지만 이해를 못한 것이지요. 그래서 "두 번째 모태에 들어갔다가 날 수 있사옵나이까"(요 3:4)라고 어처구니없는 질문을 했습니다. 바리새인이면 거의 평

제이콥 드 비에
Jacques de bie

⟨니고데모와 예수님⟩
Gesprek met Nikodemus, 1598-1618, 종이,
암스테르담 국립 미술관, 암스테르담, 네덜란드

생을 율법을 읽었다는 뜻입니다. 아마도 상당히 높은 직책을 가지고 있었을 것입니다. 그런데 이 나이에 어떻게 어머니 배 속으로 들어갔다 다시 나오나 고심을 한 것입니다. 예수님은 답답하고 안타까우셔서 "너는 이스라엘의 선생으로서 이러한 것들을 알지 못하느냐"(요 3:10) 하고 반문하셨습니다. 그러고는 "진실로 진실로"라고 니고데모에게 이르시며, 그 유명한 요한복음 3장 16절을 말씀하셨습니다. 거듭남의 비밀이 담겨 있는 말씀이지요.

"하나님이 세상을 이처럼 사랑하사 독생자를 주셨으니 이는 그를 믿는 자마다 멸망하지 않고 영생을 얻게 하려 하심이라."

니고데모는 어머니 배 속에 들어갔다 다시 나와야 하느냐는 땅의 일을 물었지만 예수님은 하나님이 독생자를 주셨으니 그를 믿으면 영생을 얻는다는 하늘의 일을 말씀하셨습니다. 눈을 들어, 영생을 주실 하나님의 아들 예수를 믿으라는 것입니다. 귀 있는 자는 들어야 예수님 말씀을 알고 믿을 수 있습니다.

마리아와 마르다

하나님 나라가 '들음의 세계'라는 것은 마리아와 마르다 이야기에서 가장 극명하게 드러납니다(눅 10:38-42). 마리아는 예수님 옆에 앉아서 말씀만 들었습니다. 마르다는 예수님과 손님들을 대접하기 위해 분주하게 일하다가 마리아를 보고 불평했습니다. 하지만 예수님은 마리아를 칭찬하셨습니다.

오늘날 교회에 말씀이 없다고들 하지만 그것은 또 다른 문

디에고 벨라스케스
Diego Velázquez, 1599-1660

〈마르다와 마리아 집에 오신 그리스도〉
Christ in the House of Martha and Mary, 1620, 오일,
캔버스, 60×103.5cm, 내셔널 갤러리, 런던, 영국

제인 것 같습니다. 그리스도인은 하나님의 일을 하는 사람이 아니라, 하나님 말씀을 듣는 사람이어야 합니다. 빵만으로 살아가는 존재가 아니잖아요. 먹는 빵이 귀하지 않다는 의미가 아니라, 빵으로만 살 수는 없다는 것입니다.

디에고 벨라스케스(Diego Velázquez)라는 화가는 대상을 거울에 비추거나 이중으로 그리는 것으로 유명합니다. 〈마르다와 마리아 집에 오신 그리스도〉라는 그림도 두 사람의 영역이 정확히 나뉘어 있습니다.

부엌에서 음식들을 늘어놓고 열심히 먹을 것을 만드는 사람은 마르다예요. 마르다 뒤로 할머니가 있는데, 손가락으로 뭔가를 가리키고 있습니다. 식탁에는 물고기와 달걀이 보이는데, 이 식자재들은 우연히 그린 것이 아닙니다.

예수님의 열두 제자 중 7명이 갈릴리 호수에서 물고기를 낚던 어부 출신입니다. 유대인은 원래 유목민들이라 유월절을 비롯한 절기가 양 같은 고기와 관련되어 있습니다. 예수님도 자신을 유월절에 피 흘려 죽는 어린양에 비유하셨습니다. 그런데 예수님의 제자들은 물고기를 먹었습니다. 유대교와 차별화되는 기독교의 음식인 셈이지요. 게다가 그 물고기 옆에 부활을 상징하는 달걀이 있습니다.

또 다른 한편에 예수님의 말씀을 듣는 마리아가 있습니다. 그림에서는 이중 분할된 독자 영역이지만, 마르다가 예수님께 와서 항의하는 모습이 눈에 선합니다. 마르다의 얼굴에 이미 다 써 있습니다. 화가 나서 잔뜩 부어 있습니다. 본인은 죽어라 일하고 있는데 마리아가 예수님 옆에서 이러고 있는 게 말이 되냐고 묻습니다. 마르다 옆에서 할머니가 손가락을 내밀고 있는 것도 "애, 네 꼬락서니 좀 보렴"하면서 불난 집에 부채질을 하고 있는 것입니다.

마르다는 동생 마리아에게 직접 말하지 않고, 예수님께 고자질했습니다. 예수님의 권위로 마리아가 자신을 돕게 해달라는 것입니다. 예수님이 이 가정의 평화를 원하셨다면 마리아에게 "가서 마르다를 도와주라"고 하시면 그만입니

요하네스 페르메이르
Johannes Vermeer, 1632-1675

〈마르다와 마리아의 집에 계신 예수〉
Christ in the House of Martha and Mary, 1655,
160×142cm, 스코틀랜드 국립 미술관, 에든버러, 영국

다. 그런데 예수님은 오히려 마르다에게 "네가 근심과 염려가 많구나. 몇 가지, 혹은 한 가지만 하거라"라고 말씀하셨습니다. 마리아는 좋은 편 한 가지를 택해 그것만 하고 있으니 괜찮다는 것입니다. 마리아가 생명의 말씀을 듣는 것은 영적 식사나 매한가지였습니다.

그럼 마르다는 무슨 근심과 염려를 많이 했을까요? 일단 이 집은 마르다의 집이에요. 동생 마리아는 성인인데도 언니에게 얹혀사는 것으로 보입니다. 요한복음에서는 마르다의 이름이 마리아는 물론 남자 형제 나사로보다도 먼저 나옵니다(요 11:5). 단지 마르다가 장녀이기 때문일 수도 있지만, 어쨌든 이 형제들 중에서 마르다의 권위가 높다는 것만큼은 부인할 수 없습니다.

게다가 길을 가시던 예수님을 영접한 사람도 집주인 마르다입니다. 곁방살이 처지인 마리아가 손님 대접을 결정할 수는 없었을 것입니다. 이 나라에서는 손님을 대접하는 절차가 보통 일이 아니었습니다. 먼지 풀풀 날리며 걸어온 손님의 발에서 샌들을 벗기고, 물로 씻기고, 향유도 발라 주어야 했습니다(눅 7:44).

예수님은 혼자 다니시는 분이 아니었습니다. 수많은 제자와 믿는 자들이 곁에서 따랐습니다. 마르다는 예수님이 피곤하실까 염려했고, 이 많은 사람을 어떻게 대접할지 걱정했을 거예요. 마르다의 신심이 깊지 않다면 이 역시 할 수 없는 일이었습니다.

그런데 예수님은 마르다의 집에 도착하셔서도 쉬지 않고 계속 말씀하셨습니다. 여기서 '말씀'은 사소한 잡담이 아니라 '로고스'(logos), 신적인 발화를 말합니다. 예수님도 일하는 중이셨습니다. 쉼 없이 하나님 나라의 비밀을 나누셨습니다. 마리아는 그 자리를 지킨 거예요.

유대교는 오늘날에도 여자들이 공적인 자리에서 말씀을 듣거나 발언하는 일을 허락하지 않습니다. 예수님 당시에 여성이 랍비의 설교를 듣는 자리에 앉아 있다는 것은 혁명적인 일이었습니다. 물론 예수님이 허락하셨기 때문에 가능한 일이었습니다.

그런 마리아의 모습에 점점 속이 타들어 간 마르다는 나아와 예수님의 말씀을 방해했습니다. 그림을 봐도 마르다의 표정이 잔뜩 화가 나 있습니다. "제 동생이 저 혼자 일하게 두는 것을 보고만 계실 것입니까?"라고 했어요.

예수님이 마르다를 힐난하신 것 같지는 않습니다. "마르다야 마르다야"(눅 10:41) 두 번이나 이름을 부르시는 것이 마르다를 달래 주시는 것만 같습니다. 예수님의 말씀을 오해하는 자들에게 "진실로 진실로 네게 이르노니" 하시는 것과 마찬가지 맥락입니다.

예수님이 마르다에게 지적하신 것은 '준비하는 일'이 많다는 것입니다(눅 10:40). '준비하는 일'이란 헬라어로 '디아코니아', 바로 오늘날 교회가 그토록 강조하는 '사역'(ministry)입니다. 그러니까 예수님 말씀은 여러 사역 때문에 마음이 분주할 것이 아니라 한 가지 사역만 하라는 것입니다.

이 이야기에서 예수님이 마리아를 편들고 변명해 주셨다고 볼 수도 있습니다. 디아코니아 대신 로고스를 택하라는 뜻으로 해석할 수도 있습니다. 하지만 이 이야기를 교회 봉사와 설교 청취 간의 취사선택으로 돌려서는 안 됩니다. 무엇보다 예수님이 마르다의 수고를 무가치하게 여기셨다고 보아서는 더더욱 안 됩니다.

마르다의 문제는 예수님의 로고스를 놓쳤다는 데 있습니다. 예수님이 마르다의 집에 들어가신 이유는 여전히 하나님 나라의 말씀을 전하시기 위해서였습니다. 이 점을 기억해야 해요.

물론 예수님은 집주인인 마르다가 손님 대접을 위해 부엌에 들어가는 것을 만류하시지는 않았습니다. 그것을 필요한 일로 여긴 마르다의 선택을 존중하신 것이지요. 하지만 영적인 말씀을 먹는 것이 참된 식사라는 점은 변함이 없습니다. 마리아는 그처럼 좋은 것을 택하는 지혜가 있었습니다. 예수님은 마르다가 육적 필요를 위해 영적 필요를 채우는 일을 뒷전으로 미루도록 허락하시지 않은 것입니다.

교회 사역이 필요 없다는 것이 아닙니다. 식당 봉사, 주차 봉사, 안내 봉사 등 사역은 필요합니다. 그런데 생명의 말씀을 들어야 할 순간에는 다른 봉사들을 내려놓고 그것을 선택해야 합니다. 그리고 생명의 말씀 듣기를 미루게 하는 사역이라면 지혜롭게 선택할 필요가 있다는 것이지요. 우리는 모든 것을 할 수 있는 사람들이 아니기 때문입니다.

사역과 말씀 사이

저는 생명의 말씀이 육의 필요보다 중요하다는 데 동의할 수 없었습니다. 이 말에 설득되지 않았기 때문에 그 많은 세월을 반기독교인, 비기독교인으로 살았습니다.

사람이 먹을 양도 없는데 하나님께 제사하기 위해 양을 잡는다는 것이 제 상식으로는 납득이 안 되었습니다. 굶주린 사람투성이인데 제물을 바친답시고 고기를 전부 불태우는 것은 휴머니즘이 아니지요. 그런가 하면 아무 죄 없는 어린

아이가 총에 맞아 죽고, 아무 근거도 없이 한 민족이 미움을 받아 모조리 수용소에 보내 죽임을 당합니다. 이런 모습을 지켜보면서도 모든 것이 하나님의 뜻이라고 말합니다. 하나님이 역사의 주관자라고 말합니다. 이것이 이해되지 않아서 저는 기독교를 믿을 수가 없었습니다.

"영적인 말씀이 육적인 필요보다 앞서는가?" 이 질문에서 출발해야 합니다. 무엇이 영원한 생명이고, 진짜 삶이고, 행복인지를 찾아야 합니다. 그것을 찾지 않으면 다 헛됩니다. 이 질문을 해결하고 출발해야 계속 교회에 나옵니다. 교회의 복지 역시 이 점을 염두에 두어야 합니다. 교회가 사회를 위해 벌이는 많은 사역이 과연 무엇을 위한 것인지 점검해야 합니다.

모두를 영접하고 돕는 것이 복지가 아닙니다. 사회 참여를 주장하는 많은 분이 마르다의 함정에 빠져 있습니다. 가난하고 힘겨운 사람들을 영접해 먹이고 재우느라 예수님의 말씀을 듣는 데 소홀해져 있지는 않습니까? 마르다처럼 예수님을 향해 항의하고 있는 것은 아닐까요?

하나님 말씀을 듣는 것을 수동적이고 정적인 행위로 환원해서도 안 됩니다. 하나님 말씀을 듣는 것은 그저 영적인 허영이 아니에요. 우리가 제대로 하나님 말씀을 듣는다면, 그 말씀이 우리 안으로 들어와 하나가 되고 우리를 행동으로 이끌 것입니다. 그로써 사회를 변화시킬 수 있는 힘을 발휘할 것입니다. 골방에 들어가 깊은 영적 경험 속에서 하나님께 간구하는 것이 길거리에서 변화를 외치는 것보다 더 효과적일 수 있음을 믿음의 위인들은 증명해 왔습니다.

이 문제는 불교에서도 소승불교와 대승불교로 갈라지는 대목입니다. 두 가지 가르침은 영원한 수수께끼이기에 어느 쪽이 옳다고 말할 수 없어요. 하지만 예수님은 마리아를 택하셨어요. 생각도 많고 하는 일이 많은데, 마리아는 모든 것을 버리고 말씀 앞에 투신하는 것, 그것이 중요하다고 여겼습니다. 예수님은 마르다의 많은 사역보다 마리아의 유일한 사역을 권하십니다. 말씀을 듣는 일이기 때문입니다.

교회가 할 일에는 분명 마르다의 일이 있어요. 하지만 교회가 사회를 위해 너무 많은 일을 하려고 들지 않았으면 합니다. 우리에게 제일 급하고 중요한 것은 정치, 경제가 아니고 생명인 것이지요. 생명을 놓치면 세상을 놓칩니다. 그리스도인의 생명은 오직 하나님 말씀을 듣는 데 달려 있어요. 세상으로 나가는 교회가 반드시 명심해야 할 교훈입니다.

교회 건축을 한번 보지요. 교회 건축은 세계 건축사의 일부를 차지할 만큼 획기적인 예술 활동입니다. 오늘날 교회 건물은 대규모 회중이 쾌적한 활동을 하는 데만 관심이 있어서 일반 건물과 크게 다를 바가 없습니다. 그런데 사실 하나님을 만나는 영적인 건물에 그런 상징과 의미를 담지 않는 것은 문제가 있습니다.

서구 성당의 건축 양식 중에 가장 중요한 것이 높이 뻗어 있는 첨탑입니다. 대개 첨탑에는 종이 걸려 있는데, 때마다 울리는 이 종소리가 마을 공동체의 삶을 주도하곤 했습니다. 서구 교회의 첨탑은 상당히 시각적입니다. 마치 하늘로 뻗어 올라가는 듯한 형상입니다.

내부에 있는 높은 천장은 교회 중앙에서 사제가 하는 말이 모두에게 잘 들리도록 음향 기구의 역할을 해 줍니다. 즉 서구 성당은 들음을 위한 장소이기도 했습니다. 돔을 짓고 나면 층간에 빈 공간이 생기는데, '스팬드럴'(spandrel)이라고 합니다. 이 공간을 그냥 놔둘 수가 없으니 그림을 그려 장식하곤 합니다. 성당마다 워낙 많이 스팬드럴을 장식해 놓았기 때문에 이 용도로 만들어진 것이 아닌가 오해할 정도입니다.

그리스도인에게도 스팬드럴이 필요합니다. 그리스도의 말씀을 듣고, 그 말씀을 사역으로 실천하기 위해 공간을 다듬을 필요가 있습니다. 이곳이 튼튼하고 아름답다면 로고스와 디아코니아가 부딪힐 일이 없을 것입니다.

이탈리아
산타 마리아 델 피오레 대성당
Cattedrale di Santa Maria del Fiorea

이탈리아
성 아폴리나레 인 클라세 성당
Basilica of Sant'Apollinare in Classe

이탈리아
산 비탈레 성당
Chiesa di San Vitale

엠마오로 가는 길

예수님은 부활하신 후 예루살렘에서 10km 정도 떨어진 엠마오로 가는 도상에서 제자들과 동행하셨습니다(눅 24:13-35). 제자들은 부활 후 달라지신 예수님을 알아보지 못했습니다. 예수님은 스승을 잃고 슬퍼하는 제자들에게 그리스도의 고난과 영광에 대해 설명하셨습니다. 날이 저물자 제자들은 예수님을 강권해 마을로 들어갔습니다. 그리고 함께 식사를 했습니다.

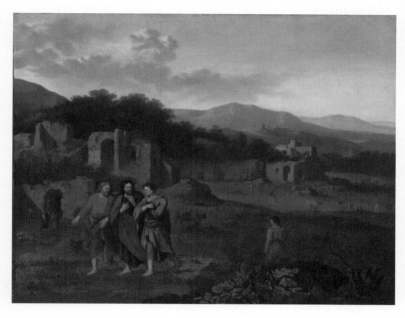

코르넬리스 반 푸렌뷔르흐
Cornelis van Poelenburgh, 1594/1595-1667

〈엠마오로 가는 길에 그리스도와
두 제자가 있는 이탈리아의 산 풍경〉
Italian Mountain Landscape with Christ and
Two Disciples on the Road to Emmaus,
1628, 오일, 캔버스, 35×45.1cm,
카를수에르 박물관, 독일

미켈란젤로 메리시 다 카라바조
Michelangelo Merisi da Caravaggio, 1573-1610

〈엠마오의 만찬〉
Supper at Emmaus, 1602, 오일, 캔버스,
139×195cm, 내셔널 갤러리, 런던, 영국

미켈란젤로 메리시 다 카라바조가 그린 〈엠마오의 만찬〉에서 예수님은 예수님 같지가 않으십니다. 수염도 없고 얼굴도 달라지셨습니다. 제자들은 자신들 앞에 계신 분이 예수님이신 줄 처음에는 몰랐습니다. 제자들이 예수님을 알아본 것은 예수님이 식사 기도를 하시고 빵을 떼어 제자들에게 주셨을 때입니다. 빵은 예수님이 주시는 영원한 양식을 상징하는 것이라, 제자들은 예수님이 주신 영의 양식을 받음으로써 영의 눈이 열린 것입니다.

제자들 중에 글로바로 보이는 인물이 입고 있는 옷에는 순례자를 상징하는 가리비 조개껍질이 달려 있습니다. 다른 제자의 옷은 찢겨 있어요. 서 있는 인물은 이들이 묵고 있는 장소의 주인으로 보이는데, 눈앞의 사건을 전혀 알아보지 못하는 듯합니다.

이들의 식탁에 놓인 음식을 잘 살펴보세요. 금방이라도 식탁 앞쪽으로 쏟아질 것만 같습니다. 제자들의 심리적인 위기 상태를 뜻할 수 있습니다. 그런가 하면 '영의 양식이 아니면 이 음식들처럼 결국 쏟아져 썩는다'는 상징이지요. 썩을 음식을 좇지 말라는, 보이는 것이 중요한 게 아니라는 의미일 수도 있습니다.

식탁 한가운데에서 시선을 끌고 있는 닭다리가 중요한 것이 아닙니다. 사람들 앞에 있는 빵이 중요합니다. 다른 음식으로는 상징이 안 됩니다. 빵은 예수님의 몸입니다. 물론 카라바조 같은 기괴하고, 폭력적이고, 도발적인 인물이 과연 복음의 큰 진리를 깨달았을까 의아하긴 합니다. 하지만 때로는 이런 아이러니가 있기에 예술의 세계가 위대한지도 모릅니다.

제자들이 예수님을 알아보자 예수님은 사라지셨습니다. 제자들은 그제야 아까 예수님이 하신 말씀이 이해가 되었습니다. 예수님의 강해를 들을 때 마음이 뜨거웠었다는 간증도 했던 사람들입니다. 그런 그들이 정작 예수님이 사라지시고 나서야 예수님이 아니면 그 누구도 할 수 없는 말임을 깨달았습니다.

그제서야 제자들은 엠마오로 가는 내내 예수님과 동행했다는 것을 알았습니다. 예수님을 눈으로만 볼 때는 한계가 있습니다. 귀로 들어야 진짜 예수님을 만난 것입니다. 예수님을 그분의 말씀으로 알아보는 사람이 진짜 신앙인입니다.

예수님이 "나를 먹으라"고 하시며 빵을 주셨지만, 그 빵은 육의 빵만이 아닙니다. 예수님이 먹으라고 주신 빵은 상징입니다. 돌덩이가 변한 빵이 아니라 결코 죽지 않는 영생을 주는 생명의 빵(bread of life)이지요. 그냥 빵이 아니라 영적인 빵이요, 생명의 빵인 것입니다.

인간은 현실 속의 빵만 생각하는데, 예수님의 빵은 손에 들리어 있지만 하늘에 속한 하늘나라의 빵입니다. 빵을 찢어 "나를 먹으라"고 하신다고 지상의 언어로 식인종이 되라는 것이 아니지요. 하나님의 말씀을 지상의 언어로 이해하면 오해가 생깁니다.

그런데 교회는 빵을 찢어서 나눠 주는 데 급급한 경우가 많습니다. 사랑 없는 복지, 형식적인 복지, 단순한 물질로 돕는 복지에 지나지 않습니다. 그렇다면 세상의 복지, 정치의 복지와 다를 바가 없어요. 교회의 복지는 세상과 똑같이 급식을 하고 있어도, 믿지 않는 사람들이 모르는 예수님의 사랑을 담아서 주는 것이어야 합니다. 영혼이 들어 있지 않은 나눔은 정치인의 포퓰리즘(populism, 대중주의)과 다르지 않습니다. 그런 교회가 세상에서 살아남을 리 없습니다.

요즘은 복지가 트렌드입니다. 모두가 나눔에 대해 이야기하지, 혼자 잘 먹고 잘 살자는 사람이 없어요. 그러므로 겉만 번지르르할 뿐, 세상과 마찬가지로 권력과 재물에 이용되는 교회의 복지라면 아무 가치도 없는 것입니다.

빈센트 반 고흐
Vincent Willem van Gogh, 1853-1890

〈성서가 있는 정물〉
Still Life with Bible, 1885, 65×78cm,
반 고흐 미술관, 암스테르담, 네덜란드

제 3 부

걷다

피스 필그림처럼 걷는다는 것

세상으로부터 '피스 필그림'(Peace Pilgrim, 평화의 순례자)이라
는 이름을 얻은 사람이 있습니다. 밀드레드 노먼(Mildred Nor-
man)입니다. 그녀는 아무런 생계 활동을 하지 않았지만 전
세계를 돌아다니며 순례를 한 인물입니다. 세상은 먹고살
아가느라 발버둥 치는데, 돈 한 푼 없는 여성이 평생 걷고
나서 신발만 남기고 죽었습니다. "미국의 테레사 수녀"혹
은 "미국의 간디"로 불리기도 하지요.

밀드레드 노먼은 1908년 미국 뉴저지에서 가난한 농민의 딸로 태어났습니다. 가난했지만 숲과 시내를 돌아다니며 자연의 풍족함을 배웠을 것입니다. 고등학생 시절에는 장신구에 신발 색을 맞추기 위해 대도시까지 가서 염색을 하는 극성도 부렸다고 합니다. 하지만 자신과 다른 인종에게는 배타적인 태도를 보이기도 하고, 여동생 친구들인데도 자신과 다르다며 거부하기도 했습니다.

노먼은 결혼에 실패하고 교통사고로 아버지를 잃게 되었습니다. 그때 돈으로는 행복해질 수 없다는 것을 깨달았습니다. 의미 있는 삶이 무엇일까 계속 사색하던 어느 날, 밤새 숲속을 걸었습니다. 그러다 달빛이 비치는 빈터에 이르러 기도했습니다. 그날 노먼은 숲속에서 걸었던 경험을 바탕으로 순례를 생각했다고 합니다.

1953년 1월 1일, 노먼은 자기 이름으로 된 전 재산과 권리를 포기하고 지난날의 자신과 결별을 선언하고 순례길에 올랐습니다. 패서디나에서 열리는 장미 축제를 시작으로

피스 필그림(Peace Pilgrim, 1908-1981)
(www.peacepilgrim.org)

이후 4만 km에 이르는 거리를 걸었습니다. 돈 한 푼 갖지 않고 28년간을 말입니다. '피스 필그림'이라는 새 이름도 그 과정에서 얻은 것이지요. 피스 필그림은 길을 걸으며 평화를 촉구하는 메시지를 전했고, 순례 동안 수많은 매체가 그녀를 인터뷰하며 보도했습니다. 그녀는 이 단순한 삶을 통해 많은 사람에게 감동을 주었습니다.

1981년 7월, 피스 필그림은 인디애나주의 낙스라는 도시에서 교통사고를 당해 사망했습니다. 도보 순례를 했던 인물이 자동차 사고로 죽은 것은 대단히 역설적입니다. 하지만 피스 필그림이 걷고 또 걸으면서 깊은 묵상으로 깨달은 인생의 의미는 개인의 삶을 넘어 많은 현대인에게 삶의 의미를 알려 주고 있습니다.

피스 필그림을 통해 사람들이 감동을 받은 것은 모든 권리를 포기하고, 아무 가진 것이 없이 순례하는 그녀의 모습에서 느껴지는 평화였습니다. 생전에 그녀는 "내면의 평화 없이 다른 어떤 평화도 없다"고 늘 말했습니다. 그녀는 특히 "하느님에게 호소하는 데 너무 많은 시간을 허비한다. 정작 하느님이 우리에게 제시하는 말을 들을 수 있는 조용한 시간은 모자란다"고 말하기도 했습니다.

걷는 행위의 중요성은 이루 말할 수 없습니다. 우리나라의 '대학생 국토대장정'이라는 프로그램이 좋은 예입니다. 수많은 젊은이가 오직 걷기 위해 한자리에 모입니다. 누가 강요한 것도 아니고, 특별한 목적이 있어서도 아닙니다. 마

앙리 루소
Henri Rousseau, 1844-1910

〈공원을 산책하는 사람들〉
Promeneurs dans un parc, 1908, 오일, 캔버스,
46×55cm, 오랑주리 미술관, 파리, 프랑스

치 누가 시키지도 않았는데 두 발로 일어서서 첫걸음을 떼는 인생과 같습니다. 아기는 넘어지고 쓰러지면서도 걷기의 모험을 포기하지 않습니다. 위험을 무릅쓰고 최초의 보행을 시작하면서 짐승이 아니라 사람임을 증명해 냅니다.

걷는 행위는 문화인류학자들이 인간을 짐승과 다른 존재로 여기는 기준이기도 합니다. 사람을 가장 많이 닮은 침팬지나 고릴라도 하루에 기껏 3km밖에 걷지 못한다고 합니다. 어떤 동물이 중력과 맞서 사람처럼 등뼈를 똑바로 세우고 대지 위에 서 있을 수 있습니까? 그렇게 먼 지평을 향해 한 걸음, 한 걸음 다가갈 수 있을까요?

두 발로 걷는 그만큼, 멀리 있던 풍경들이 우리의 눈앞에 딱 그만큼 다가옵니다. 레베카 솔닛(Rebecca Solnit)은 "풍경이 이야기를 잉태하고, 그 이야기가 다시 우리를 걷기의 역사 현장으로 인도한다"고 했습니다. 그때 바퀴 위에서는 도저히 느낄 수 없었던 자신의 생명의 몸무게를 발견하고 그 리듬을 발바닥에 기록하게 됩니다. 그렇게 해서 걷기의 역사는 몸과 생각의 역사가 됩니다.

걷는 목적에 따라 여러 문화사가 쓰이기도 합니다. 나사렛에서 예루살렘까지 걸어가신 예수와 룸비니에서 간디스 중류까지 걸어간 부처의 걸음에서 종교 문화가 태어났고, 아리스토텔레스(Aristoteles)의 학당을 거닐던 걸음에서 소요학파의 철학이 생겨났습니다. 도시의 유보자(walker)들은 발터 벤야민(Walter Benjamin)의 문학을, 황톳길의 유랑자는 김삿갓의 즉흥시를, 그리고 소금 장수와 보부상의 무거운 걸음은 오늘의 기업을 만들어 냈습니다.

지도자가 없어도 문명은 망하지 않는다 했습니다. 로마 제국은 칼리굴라(Caligula)를 비롯해 어리석은 황제들이 32년 동안이나 통치했을 때도 멸하지 않고 황금기를 누렸어요. 그러나 흙의 기운이 떨어져 국토가 황폐해지면서 로마가 붕괴의 길로 들어서게 되었음을 기억해야 합니다.

걸음이 창조하는 것은 자동차를 타고 스쳐 가거나 비행기 위에서 내려다본 추상의 땅이 아니에요. 걷고 걷다 보면, 우리는 인간은 없고 식물과 동물만 있던 황량한 지구의 공간에까지 이를 것입니다. 무기물과 유기물이 어우러지며 생명의 순환을 통해 이 땅의 흙이 만들어 내는 역사 속으로 들어갈 것입니다.

우리나라 국토를 온전히 두 발로 걷는 젊은이들의 두 다리가 결국 선조들의 모든 육체, 모든 영혼과 접속하는 순간이 올 것입니다.

국토를 걷는다는 것은 이 슬프고 장엄한 과거를 통해 미래를 읽어 내는, 결국 흙을 텍스트로 하는 독서 행위라고 할 수 있습니다. 걸으면서 생각하고, 생각하면서 걷게 됩니다. 책에서 배우는 역사가 아니라 발끝에서 전해 오는 오늘의 역사를, 숨찬 심장으로 국토의 맥박을 느끼게 됩니다. 그런 의미에서 걷는다는 것은 내가 자유로운 인간임을 지구 위에 새기는 황홀한 도전입니다.

성인들이 걸었던 길

종교는 원천적으로 걷는 속성이 있습니다. 세상이 4대 성
인이라 추앙하는 예수와 부처와 공자와 소크라테스(Socra-
tes)는 모두 걸어 다녔습니다.

그리스 철학에서는 정원을 걸으며 이야기하는 것을 '디스
쿠르'(discours)라고 합니다. '담론'(discourse)이란 단어가 여
기에서 나왔습니다. 알렉산드리아의 유명한 도서관에도
정원이 있어서 당대 최고의 지식인들이 이곳을 걸어 다니

라파엘로 산치오
Raffaello Sanzio da Urbino, 1483-1520

〈아테네 학당〉
The School of Athens, 1511, 500×770cm,
바티칸 미술관

며 이야기를 나누었습니다. 혼자 컴퓨터 앞에 앉아서 사색을 진행하는 오늘날과는 풍토가 달랐던 것입니다.

동양의 사상가들도 마찬가지예요. 노자가 《도덕경》을 쓴 때가 망명길이었다는 전설이 있습니다. 이 이야기를 발굴한 베르톨트 브레히트(Bertolt Brecht)는 "노자가 망명길에 《도덕경》을 쓰게 된 경위에 대한 전설"이라는 시를 썼습니다. 이를 즐겨 낭독한 발터 벤야민 역시 브레히트처럼 독일 나치 제국을 피해 유럽을 떠돌던 망명가였습니다.

노자는 만년에 산속에 은거하고 있었는데 세상이 소란스러워지자 길을 떠났습니다. 망명을 거듭해야 하는 고단한 인생이었습니다. 고삐를 맨 물소를 타고 갔습니다. 그런데 한 세리가 통행세를 요구하며 막아섰어요. 원래 전설에서는 국경 수비대 장교였지만 브레히트는 핍박받는 대중을 대변하는 세리로 신분을 바꿨습니다.

그런데 세리가 노자로부터 "부드러운 것이 단단한 것을 이

긴다"(柔之勝剛, 유지승강)는 가르침을 듣고는 노자에게 자기 집에 머물며 위대한 가르침을 기록하라고 권했습니다. 그 결과 《도덕경》이 탄생했다는 것이지요. 노자라는 인물이 인류에 공헌한 가장 유의미한 업적이 실제로는 도상에서 이루어졌다는 것입니다.

한때 노자에게서 배운 공자는 생애 초반 30년간 도를 닦고 뜻을 세운 후(而立, 이립), 천하를 다니면서 제후들을 만나 제왕정치의 중요성을 설파했습니다. 국정을 쇄신하려는 노력이 실패하고 나서는 각지에서 따라나선 제자들과 함께 현명한 군주를 찾아다녔습니다.

하지만 당시 정치 상황에서는 자신의 이상이 실현될 수 없음을 깨달았습니다. 결국 본국으로 돌아가는데, 이때 인적 없는 빈 골짜기(空谷, 공곡)에서 홀로 핀 유란(幽蘭)을 봤어요. 애처로운 난초에게서 이상이 꺾인 자신의 모습을 보고 울었다고 합니다. 이것이 '공곡유란'(空谷幽蘭, 빈 골짜기의 그윽한 난 향기)이라는 고사성어의 유래입니다.

부처는 세상에 태어난 지 35년, 도를 찾아 출가한 지 6년째 깨달음을 얻기까지 갠지스강을 숱하게 걸었다고 합니다. 그 전통을 따라서인지 오늘날 불교에서도 걷기를 통해 명상이나 수행을 합니다.

4대 성인들뿐 아니라 인류 문화에 큰 영향을 끼친 인물들 중에 걷기를 사랑한 사람은 수없이 많습니다. 특히 철학자들과 종교인, 예술가들이 셀 수 없이 많습니다. 임마누엘 칸트(Immanuel Kant)와 니체가 그러했고, 아르튀르 랭보(Arthur Rimbaud)와 레프 톨스토이(Lev Nikolayevich Tolstoy)도 마찬가지였습니다. 걷는 것은 그만큼 자기와 대화를 하게 하고, 생각을 확장시키며, 또한 창의적으로 만듭니다. 이것이 걷기의 힘입니다.

카미유 피사로
Camille Pissarro, 1830-1903

〈루브시엔느의 길〉
Route de Versailles, Louveciennes, 1872,
오일, 캔버스, 60×73.5cm, 오르세 미술관,
파리, 프랑스

예수님의 걷기

스페인 산티아고에 있는 '순례자의 길'(Camino de Santiago)을 걷는 사람들이 많이 있습니다. 이스라엘의 순례자의 길은 '예수님 발자국'(Jesus Trail)이라고 합니다. 나사렛에서 갈릴리 바다 옆에 있는 가버나움까지 40마일, 약 65km 여정입니다. 현재 지형으로 4일 동안 꾸준히 걸어야 완주할 수 있는 거리입니다.

나사렛은 이스라엘 북중부에서 꽤 높이가 있는 고지입니

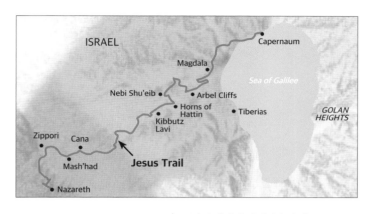

〈나사렛에서 가버나움까지〉
Nazareth to the Capernaum
예수님 발자국(Jesus Trail)
40마일(약 65km) 루트

다. 그곳에서 동쪽에 있는 갈릴리 바다까지는 내리막길입
니다. 예수님은 공생애 기간에 수차례 이 길을 오고 가셨을
것입니다. 또 유대인 남성으로서 1년에 세 번은 예루살렘
에 오르셔야 했습니다.

갈릴리에서 예루살렘으로 가는 길은 직선으로 내려가는 길
이 최단거리입니다. 그런데 그 중간에 사마리아가 있어요.
이방인이나 다를 바 없는 적대적인 사마리아인들이 살고

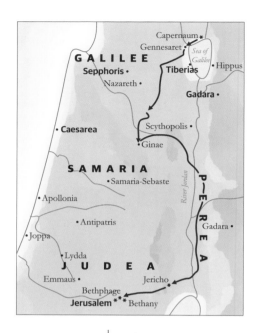

〈예수님의 마지막 여정〉
Jesus' last journey
갈릴리에서 예루살렘, 예루살렘에서
갈릴리 240마일(약 386km) 루트

있는 위험 지구인 셈입니다. 보통의 유대인들은 사마리아
를 기피해서 시간이 더 걸리더라도 멀리 돌아서 갔습니다.

사마리아 사람들은 예수님을 받아들이지도 않아 제자 야

고보와 요한이 "하늘에서 불을 내려 멸해 버리자"고까지 했을 정도입니다(눅 9:51-56). 예수님은 그런 곳을 걸어 다니다가 무리를 보고 가르치시거나 치유를 청하는 사람들을 고쳐 주셨고, 한 동네에 들어가 하나님 나라의 비밀을 나누셨습니다(요 4장).

예수님은 십자가에 못 박히실 때까지 평생 멈추지 않고 걸으셨습니다. 예수님 자신이 길이십니다. 그래서 걸으며 사랑을 실천하시고, 하늘로 향한 영생의 길을 보여 주신 것입니다.

특히 예수님은 십자가 처형을 앞두고 마지막으로 예루살렘에 입성하실 때 갈릴리에서 사마리아를 거쳐 여리고를 지나 베다니를 통해서 가셨습니다. 이 여정은 120마일(약 193km)로 알려져 있습니다. 십자가에 달려 돌아가신 예수님은 부활 후 갈릴리로 가서 제자들을 만나셨으므로 예수님의 마지막 여정은 왕복 240마일(약 386km)에 이릅니다.

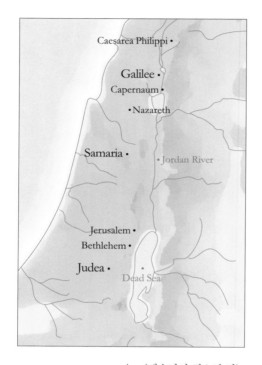

〈예수님이 걸으신 길〉
2만 1,525마일(약 3만 4,640km)

예수님이 평생 걸어 다니신 거리를 재면 2만 1,525마일(약 3만 4,640km)이 나온다고 합니다. 나사렛에서 애굽까지 왕복 거리가 400마일(약 640km), 5세 이후 30세까지 유대인의 명절 예법에 따라 1년에 세 번, 즉 유월절과 칠칠절, 그리고 초막절에 갈릴리에서 예루살렘 거리[왕복 240마일(약 386km)]를 오고가신 거리가 1만 8,000마일(약 2만 9,000km), 공생애 3년간 이동하신 거리를 3,125마일(약 5,000km)로 봅니다.

지구 한 바퀴의 거리가 2만 4,901.55마일(약 4만 74km)이니까 예수님은 거의 지구 전체를 걸어 다니신 셈입니다. 예수님의 사역은 걷기 사역이라 해도 틀린 말이 아닐 듯합니다. 사람들을 만나 복음을 전하고 영생을 얻게 하신 것이지요. 그러니 교회가 진짜 복지를 하기 위해서는 걸어야 합니다. 예수님이 걸으셨던 하늘을 향한 영생의 길을 걸어야 합니다. 우리는 주말마다 교회로 걸어갑니다. 집에 머무는 것도 아니고, 다른 곳을 향하지도 않고, 교회를 향해 걸어갑니다. 걸어서 교회를 가고, 걸어서 나눔을 하고, 걸어서 모임을 하러 갑니다. 그것이 새 생명을 찾아 나서는 걸음입니다.

구도자의 걷기

일본의 혼다사가 2000년 개발한 인간형 로봇 아시모(ASI-MO)는 인간과 비교했을 때 하지 못하는 일이 딱 한 가지 있다고 합니다. 걷는 것입니다. 걷지 못하니 인간처럼 거리에 나가지 못합니다. 아시모를 비롯해 인간형 로봇들에게 가장 취약한 부분이 걷는 것이라고 합니다.

한때 우리나라를 강타한 알파고 열풍은 어떻습니까? 인간은 신이 죽었다며 인공지능을 만들었습니다. 인간이 창조

할 수 있게 되었으므로 신이 되었다는 뜻입니다. 하지만 인간이 실제 물질을 창조한 적이 있습니까? 이미 가진 것으로 응용한 것뿐입니다. 알파고가 인간과 대결을 벌여서 이기니까, 인간이 만든 인공지능이 하나님이 만드신 인간을 이겼다고 법석이었습니다.

하지만 하나님이 인간을 만드신 것처럼 인간이 인공지능을 만든 것이 아닙니다. 인간은 흙 알갱이 하나도 만들 수 없어요. 인간이 새롭게 세상에 내놓고 있는 것들은 모두 창조 원형인 자연 안에 머물고 있습니다. 비행기를 타고 하늘을 날아가도 대기권 안에 있는 것과 마찬가지예요. 손오공이 한숨에 9만 9천 리, 8만 8천 리를 날아가도 부처님 손바닥 안에 있는 것과 마찬가지입니다. 인간은 하나님의 창조 세상에서 벗어나지 못합니다.

그런데 인간은 점점 하나님이 주신 능력을 잃어 가고 있습니다. 대표적인 것이 걷기의 힘입니다. 요즘은 열심히 걷는 사람들이 일부 있지만 여전히 많은 사람이 걷지 않습니다.

산티아고 순례길
Camino de Santiago

사람들은 우편물처럼 운송 수단에 실려 배달됩니다. 배송되는 주소지도 남이 써 준 대로 갑니다. 부모가 써 준 주소, 사장이 써 준 주소, 배우자가 써 준 주소대로 수송됩니다. 창조에서 멀어진 인간이 되고 있어요.

그래서 자신을 찾고 싶다는 사람들이 하소연을 합니다. 자기 힘으로 목표에 도달하고 싶은데, 그럴 수가 없다는 것이지요. 이런 사람들을 위해 걷는 이벤트, 걷는 상품이 나왔습니다. 걷는 능력을 회복하기 위해 다시 걷기 강습을 받겠다는 것입니다. 그냥 나가서 걸으면 되는데 말입니다.

걷는 사람들이 좋아하는 길이 있지요. 앞서 이야기한 산티아고 순례길도 그중 하나입니다. 산티아고에는 수십만 명이 모여도 일정한 흐름이 있습니다. 남녀노소 할 것 없이 그 흐름을 따라 아무 무리 없이 걸어갑니다. '순례길 완주'라는 동일한 목표가 있기 때문입니다.

그런데 백화점에 가 보십시오. 수백 명밖에 안 되는데도 조금만 가면 이리저리 부딪힙니다. 움직이는 것 자체가 어려워요. 다들 목표가 다르기 때문입니다. 인간이 욕망을 풀어놓은 곳에는 편안함이 있을 수 없습니다.

구도자는 보통 평지를 걷기보다 산이나 계단처럼 오르기 어려운 곳을 갑니다. 일종의 고행입니다. 그런데 요즘 사람들은 조금이라도 편한 길을 찾으려고 안간힘을 씁니다.

종교인조차 고행하는 것을 마다합니다. 아예 삶에서 걷는 행위를 생략해 버리려 합니다. 요즘은 내비게이션이 워낙 발달해서 목표 지점을 외울 필요도 없습니다. 기계에 입력하고 기계가 가라고 하는 곳을 따라가면 행선지가 나오기 때문입니다. 운송 수단에 타기만 하면 그것이 실어다 주기 때문입니다. 이러다가는 우리 삶에서 '걷다'라는 단어가 사라지고 '타다'가 이를 대신할지도 모르겠습니다.

가장 적극적으로 걷는 행위는 길을 내는 것입니다. 요즘 세상에 누가 새 길을 닦습니까? 잠언 30장을 보면, 야게의 아

히에로니무스 보쉬
Hieronymus Bosch, 1450-1516

〈십자가를 지고 가는 그리스도〉
Christ Carrying the Cross, 1505, 오일, 패널,
142.3×104.5cm, 마드리드 왕궁, 마드리드, 스페인

들 아굴이 심히 기이히 여기고도 깨닫지 못한 것 서너 개가 나옵니다. 공중에 날아다니는 독수리의 자취와 반석 위로 기어 다니는 뱀의 자취와 바다로 지나다니는 배의 자취와 남자가 여자와 함께한 자취라고 합니다(잠 30:19).

대체 이들은 어찌 길을 알고 움직일 수 있었던 것입니까? 스스로 길을 냈기 때문입니다. 본능을 따라갔기 때문입니다. 가야 할 길을 잊지 않았기 때문입니다.

그리스도인이 본능적으로 깨닫고 따라가게 되는 길은 바로 생명의 길입니다. 생명이신 주님을 찾아가는 길입니다. 길이요, 진리요, 생명이신 예수님을 찾아가는 여정은 배송 공짜가 안 됩니다. 자기 발로, 자기 의지로, 자기 땀으로 걸어가 도착해야 합니다. 예수와 부처와 공자와 소크라테스는 전부 깨달음의 길을 걸었습니다. 길의 끝은 각각 '진리'와 '득도'와 '도덕'과 '철학'으로 달랐지만 모두 치열한 도상에 서 있었습니다.

저는 한국 교회가 걸어야 한다고 생각합니다. 정신적으로나 육체적으로나 걸어야 해요. 세상 끝날 때까지 걸어야 합니다. 멈추면 안 됩니다. 오늘과 또 다른 내일이 있어야 살아 있는 것이지, 똑같은 오늘을 되풀이하고 반복하고 주저앉으면 고인 물이 됩니다. 그것이 현실적으로 교회에 나가는 것, 말씀 공부에 참여하는 것, 이웃을 심방하는 것처럼 매일 하고 있는 단순하고 지루한 일상일지라도 계속해야 합니다. 걷는 교회가 새 생명을 얻을 것입니다.

기도 걷기

당장 어떻게 걸어야 할지 모르는 분들에게 제안하고 싶은 것이 있습니다. '기도 걷기'입니다. 조직적인 힘이 필요하긴 합니다만, 한국에 교인들이 얼마나 많습니까. 저는 뜻을 모으면 충분히 가능한 일이라고 믿습니다.

요즘 건강한 생활을 위해서 얼마 걸었고, 먹었고, 잤는지를 기록해 주는 스마트폰 애플리케이션이 많이 있습니다. 그런 앱들은 사용자 외에도 후원자들과 후원 대상자들을 모

루시앙 피사로
Lucien Pissarro, 1863-1944

〈에라니 교회〉
Éragny Church, 1886, 오일, 캔버스,
53.2×72.2cm, 애슈몰린 미술관,
옥스퍼드 대학, 영국

집합니다. 사용자들은 앱을 다운받고 GPS와 함께 켜 두고 일상생활을 합니다. 그러면 앱이 하루 종일 걸어 다닌 발자국 수를 환산해 그 숫자만큼 포인트로 적립합니다. 그러면 후원자나 자선 기구에서 포인트만큼의 돈을 사용자가 지정한 후원 대상자에게 지급합니다. 물론 후원 대상자를 소개하는 스토리펀딩(Storyfunding)이 잘 연계되어야 합니다.

중요한 것은 도움을 필요로 하는 사람을 위해 걷는 것입니다. 전 세계 누구나 도울 수 있어요. 내 발로 걷는 것뿐인데, 그것이 누군가를 위한 기도이자 물질적 후원이 되는 것입니다.

아프리카 난민이나 고통받는 사람들을 위해 매일 일정 구간을 걷고, 그 걸음만큼 재정을 적립해서 물질적으로 빈곤한 사람들을 도와야 합니다. 1만 명씩 매일 걷는다면 그 걸음 자체가 기도가 됩니다. 그러면 내 몸은 튼튼해지고, 그 사람은 천사를 만나는 것입니다. 그렇게 10만 명이 걸으면 10만 명이 천사를 맞이하게 되지요.

이것이 먹고, 듣고, 걷는 것으로 실천하는 프로그램이고, '얼굴 있는 복지'가 될 것입니다. "깡그리 다 먹지 말고 남겨두라"는 하나님 말씀의 실천이기도 하지요. '걷는 것이 기도'라는 생각으로 지구 반 바퀴를 돌 수 있다면 한국과 세계가 변화될 것입니다.

누군가를 생각하며 걷는 것은 그 사람과 함께 걷는 것입니다. 그동안 한국 교회는 세상과 함께 걷지 못했습니다. 그래서 새삼스레 손을 내밀어도 세상이 믿지 않아요. 예수 믿으라고 미끼를 던지는 것이라고 일축합니다.

덕분에 교회 안에는 과학의 목소리가 사라진 지 오래되었습니다. 과학자들은 이 세상에 물질밖에 없다고 생각하는 사람이므로, 교회는 그들에게서 배울 것이 없다고 생각합니다. 하지만 과학의 지식이야말로 세상에 물질밖에 없는 것이 아님을 입증해 줍니다.

서양은 무신론자나 과학조차도 기독교 문화에 속해 있습

바실리 페로프
Vasily Perov, 1833-1882

〈순례길의 순례자〉
Pilgrims. On a pilgrimage, 1867,
31.6×47.3cm

니다. 성경을 안 읽은 사람이 얼마나 있을까요? 종교로서 기독교는 아닐지라도 문화로서 기독교는 여전히 유럽을 지배하고 있습니다. 우리나라가 유교 문화인 것과 마찬가지예요. 생활 속에서 종교의 기반이 옷 입고 밥 먹는 모든 문화의 기저에 깔린 것입니다.

성경은 천지창조로 시작한다면, 유교의 경전인 《논어》는 '학이시습'(學而時習), 즉 배우는 것으로 시작합니다. 성경과 《논어》를 동급으로 비교할 수는 없지만, 이 차이점은 시사하는 바가 많습니다.

창조는 없는 것을 있게 하는 것입니다. 하나님의 창조는 분할의 창조였습니다. 빛과 어두움을 나누고, 하늘과 바다를 나누는 등 분절하고 나눠 주는 것이었습니다. 그래서인지 서구 문화는 만드는 문화입니다. 한편 배우는 것에는 모델이 필요합니다. 우리는 언제나 한 박자 뒤늦게 따라가요. 이제라도 교회가 과학과 대화하는 일이 필요합니다. 과학의 힘을 빌리는 데 능동적이 되어야 합니다.

세상 사람들을 생각하며 걷다 보면 우리 몸이 튼튼해질 것이고, 누군가는 도움을 받게 될 것이며, 그로써 세상은 좀 더 나아질 것입니다. 무엇보다 교회는 하나님의 뜻을 이루어 드릴 수 있게 되겠지요. 기도 걷기로 모든 성도가 예수님처럼 지구 한 바퀴를 걷는다고 생각해 보세요. 이를 통해 마련된 재원이 누군가를 어떻게 변화시킬지, 한국 교회와 세상을 어떻게 풍요롭게 할지 상상만 해도 신이 납니다.

상생의 걷기

예수님의 걸음은 자신을 위한 걸음이 아니라, 온전히 자신을 내어 주는 걸음이었습니다. 하루는 예수께서 빈 들에 나가시는데 무리가 듣고 여러 고을로부터 걸어서 따라왔다고 합니다(마 14:13). 예수님의 사역은 대체로 이렇게 걷다가 진행됩니다. 예수께서 무리를 보고 불쌍히 여기셔서 병도 고쳐 주시고 먹을 것도 주신 것이 오병이어 기적의 본질입니다. 먹을 것이 넘쳐 난 것이 중요한 게 아니라, 모든 것의 근원이신 하나님이 우리를 긍휼히 여기시고 함께 계시다는 것이 중요합니다. 즉 빵이 아닌 긍휼과 나눔이 본질입니다.

이것을 아냐 모르냐가 성경을 읽는 우리의 자세도 바꿉니다. 최후의 만찬을 묘사하더라도 앞서 소개했듯이 야코포 틴토레토의 그림을 보면 그냥 먹는 즐거움으로 묘사되어 있습니다. 하지만 레오나르도 다빈치의 그림을 보면 살과 포도주를 나누시는 예수님을 볼 수 있습니다. 십자가를 짊어지러 가신 길이지만 그 걸음의 이유가 제자들이었음을 최후의 만찬 자리에서 확인할 수 있습니다.

예수님의 이타적 걸음과는 대조적으로, 서구 문명은 경쟁 사회를 주도해 왔습니다. 하지만 경쟁과 투쟁은 한계가 명확하기에 지금은 공생의 시대가 싹트고 있습니다. 생명자본론에서도 포식의 단계(Thomas Hobbes), 숙주-기생 단계(Michel Serres), 공생 즉 상생의 단계(Lynn Margulis)로 발전해 왔다고 설명합니다. 숙주가 죽으면 기생충도 결국 죽습니다. 모든 생물은 서로 의지해서 살아가는 상생의 구조에 속

오스발트 아헨바흐
Oswald Achenbach, 1827-1905

〈로마 카시아 가도의 순례자들〉
Pilgrims on the Via Cassia, Rome, 1883, 74×101cm

카미유 피사로
Camille Pissarro, 1830-1903

〈몽마르트르 대로, 흐린 아침〉
Boulevard Montmartre Morning, Grey Weather, 1897,
오일, 캔버스, 73×92cm, 빅토리아 국립 미술관,
멜버른, 호주

해 있습니다. 하나님이 만드신 세상의 원리가 상생의 원리
인 것이죠.

예수님의 이타적인 걸음은 동양의 사상에도 나타나 있습니
다. '자리행 이타행'(自利行 利他行)이라는 불교 용어도 그중
하나입니다. 자신을 이롭게 하는 것(자기 수양), 다른 사람을
이롭게 하는 것(이웃 사랑)이라는 뜻으로 결국 '다른 사람을
이롭게 하는 것이 자신을 이롭게 한다'는 것을 말합니다.
한마디로 이타적인 것이 가장 이기적인 것이라는 뜻이죠.
'나 살고 너 죽자'는 이기주의도 아니고 '나 죽고 너 살자'의
이타주의도 아니며 '나 죽고 너 죽자'는 물귀신도 아닙니다.
'나 살고 너 살자'는 상호주의가 동양에서 말하는 이상향입
니다. '도랑 치고 가재 잡는다', '누이 좋고 매부 좋다' 같은
우리말 속담에도 이런 상호주의가 잘 담겨 있습니다.

인간의 문명에서 말하는 '함께 사는' 원리는 사실 예수님
이 2000년 전에 하셨던 말씀과 일맥상통합니다. 예수님은
인류를 살리기 위해 걸으셨고, 인류가 먹도록 자신을 내어

빈센트 반 고흐
Vincent van Gogh, 1853-1890

〈숲을 산책하는 남녀〉
Undergrowth with Two Figures, 1890, 오일, 캔버스,
50×100cm, 신시내티 미술관, 미국

주셨습니다. 오늘날 교회들도 걸어야 합니다. 신앙이 있는 사람들은 자신을 위해 걸을 것이 아니라 예수님처럼 사람을 살리기 위해 걸어야 합니다. 그것이 예수님의 걸음을 따라가는 길입니다. 그것이 상생의 길이요, 생명으로 가는 변화와 확산의 길입니다.

예수님의 걸음은 자신을 위한 걸음이 아니라,

온전히 자신을 내어 주는 걸음이었습니다.

지금은 공생의 시대가 싹트고 있습니다.

모든 생물은 서로 의지해서 살아가는 상생의 구조에 속해 있습니다.

하나님이 만드신 세상의 원리가 상생의 원리인 것이죠.

먹고, 듣고, 걷는 교회

뜨거운 정오의 햇볕 아래 물을 길으러 우물로 온 여인이 있었습니다. 목마르고, 외롭고, 피곤한 여인이었습니다. 여인은 유대인들로부터 경멸을 받는 사마리아 사람이었습니다. 여인은 남편이 많았습니다. 평판이 형편없어서 사람들의 눈을 피해 다니고 있었습니다. 하지만 여인에게는 하나님에 대한 갈망이 있었습니다.

예수님이 이 여인에게 말을 거셨습니다. 그분은 쉼 없이 걸어 다니다가 이 우물가에서 뜨거운 햇볕을 피해 잠시 쉬고 계셨습니다. 피곤하셨던 것이지요. 거룩한 사역을 수행하고 있긴 했지만 아무의 이해도 바랄 수 없어 외로우셨습니다. 그분의 능력은 여인의 목마름을 해갈로, 외로움을 만족함으로, 피곤함을 열정으로 바꿔 줄 수 있었지만, 그분이

172

짊어지신 짐은 하나님도 외면하신 것이었습니다.

두 사람의 만남은 성경 전체에서 따져 봐도 나무랄 데 없이 아름다운 장면입니다. 마을에서 가장 천대받는 여인과 우주에서 가장 성스러우신 이가 만났습니다.

여인은 일종의 불가촉천민이었습니다. 사마리아 사람은 원래는 이스라엘 지파에 속했지만, 앗시리아에 정복된 이래 이방인과 뒤섞여 혈통적으로 더럽혀졌다고 여겨졌습니다. 우리나라처럼 순종주의(純種主義)가 강한 나라에서 예전에는 혼혈이 얼마나 홀대를 당했습니까. 이스라엘의 영적 순종주의는 타의 추종을 불허하는 경지입니다. 유대인은 사마리아인을 문자 그대로 상종도 하지 않았습니다.

그런데 이 유대 남자, 예수님은 다르셨습니다. 사마리아 여인에게 물을 달라고 하셨습니다. 여인은 당돌하게도 왜 사마리아인에게 물을 달라느냐고 도전했습니다. 허다한 신학적 논쟁이 제기되고 나서야 여인은 마음 문을 열었습니다. 예수님은 예배의 장소가 아니라 예배하는 자의 마음이 중요하다고 하셨습니다. 여인은 이 점을 받아들이고 예수님을 메시아로 전파했습니다.

예수님은 이런 사태를 예상하셨기에 일부러 사마리아 땅을 지나 예루살렘으로 가고 계셨을 것입니다. 종교와 인종의 벽을 혁파하신 것입니다. 자신과 다른 곳을 향해 일부러 걸어가셨어요. 사실 이 때문에 오늘날 기독교가 존재할 수 있는 것입니다. 자기와 다른, 모르는 곳을 걸어간 사람들 때문에 복음이 확장된 것입니다.

이곳은 동네 사람들에게 물을 제공하고 가축에게 물을 먹이는 우물이었습니다. 세속의 물이었습니다. 야곱이라는 내세울 만한 조상이 남겨 준 자랑이었습니다. 하지만 이제 예수님이 물을 주십니다. 영원히 목마르지 않는 물이지요. 영을 만족시키는 물입니다. 물의 차원이 한층 높아진 것입니다.

남들이 가지 않으려는 곳으로 걸어가신 예수님과 누구도 만나기를 꺼렸던 사마리아 여인의 만남에서 교회와 세상 사이의 만남이 어떠해야 하는지를 생각해 보게 됩니다.

예수님은 가나의 혼인 잔치에서 물을 포도주로 바꾸셨고, 십자가를 앞둔 최후의 만찬에서 포도주를 자신의 피에 비유하셨습니다. 야곱이 자자손손 물려준 우물은 단지 육신의 물입니다. 하지만 예수님이 주시는 물을 마시면 영생을 얻게 되는 것입니다. 여인은 이 원리를 깨닫고 마을로 뛰어들어가 "메시아가 오셨다!" 하고 떠들 수밖에 없었습니다.

그사이에 음식을 구하러 마을에 들어갔던 제자들이 돌아왔습니다. 예수님께 음식을 드리니, "내게는 따로 양식이 있다"며 그 음식을 거절하셨습니다. 하나님이 맡기신 사역이 예수님의 양식이었습니다. 그래서 예수님은 "일찍 수확을 해야겠다. 너희를 보낼 테니 가서 거둬라" 말씀하셨습니다.

당시 제자들은 도무지 무슨 말씀인지 못 알아들었습니다. 하지만 예수 그리스도의 가르침이 전 세계에 이른 과정을 돌이켜 보면, 예수님이 심으신 씨를 인류가 거두고 있음을 실감할 수 있습니다.

이제 우리 교회는 예수님이 온 평생을 다해 걸으며 복음을 전하신 것처럼, 육의 양식을 넘어 영의 양식을 들고 나아가야 하지 않을까요. 함께 빵을 떼고 포도주를 나눠 마시며 사회 속으로, 세계 속으로 온몸을 다 드려 참된 생명을 전해야 하지 않을까요.